1000

QUESTIONS

RÉPONSES

CE LIVRE APPARTIENT À : ....

QUELQUES CONSEILS

En premier lieu ouvre ce livre et feuillette-le un instant. Qu'aperçois-tu ?

Ce livre te propose toutes sortes de questions intrigantes.
Tu remarques certainement que 3 catégories de questions te sont proposées :

les questions  *.*

À quoi correspondent-elles ?

*Le niveau "**BRONZE**" rassemble les questions les plus faciles ;*
*les questions du niveau "**ARGENT**" sont un peu plus compliquées*
*et enfin les questions "**OR**" sont les plus difficiles.*

Tout en t'amusant et pour répondre aux différentes questions,
tu peux suivre, ci-dessous, les règles du jeu.

Libre à toi d'en inventer de nouvelles !

Voici quelques idées de jeux...

SI TU JOUES SEUL

Amuse-toi en testant tes connaissances grâce aux différents niveaux mis à ta disposition. Le but du jeu est de répondre correctement et le plus rapidement possible, à 5 questions consécutives choisies dans chaque catégorie. Aide-toi de ta montre ou d'un chronomètre ; tu pourras ainsi mesurer le temps de tes performances au fil des parties !

Déroulement de la partie

1) En premier lieu, tente ta chance avec les questions de niveau "**BRONZE**" et trouve 5 réponses correctes consécutives.

2) Tu as réussi ? Bravo. À présent, tu peux affronter les questions de la catégorie "**ARGENT**". Ici encore, il te faut répondre correctement à 5 questions d'affilée.

   - Si tu obtiens une mauvaise réponse au cours des 5 questions, pas de chance ! Tu dois descendre dans la catégorie précédente du niveau "**BRONZE**", et satisfaire à une nouvelle série de 5 questions, auxquelles, bien sûr, il te faudra répondre en réalisant un sans faute !
   - Si, par contre, tu réussis, encore bravo ! Tu as le droit de passer à la catégorie "**OR**".

3) Lance-toi et tente de répondre, sans te tromper, à 5 questions successives du niveau "**OR**". Attention, ces questions comptent parmi les plus difficiles !
   - Évidemment, dans le cas d'une réponse érronée à l'une de ces 5 questions, la même règle que précédemment s'appliquera et tu devras descendre dans la catégorie inférieure.
   - Par contre, si tu as pu répondre à 5 questions d'affilée, félicitations !

Tu viens de gagner la partie !
Mesure ensuite combien de temps il t'a fallu pour répondre à toutes ces questions et essaye de faire mieux encore lors de la prochaine partie !

JOUER À PLUSIEURS

Tu as également la possiblité de jouer avec ta famille ou tes amis et de les mettre tous à l'épreuve ! Voici 2 propositions de jeux, à toi de choisir celle que tu préfères !

Jeu 1
Le gagnant est celui qui, le premier, obtient un total de 30 points en ayant répondu à 7 questions de chaque catégorie ("**BRONZE**", "**ARGENT**" OU "**OR**"), sachant qu'une bonne réponse vaut 1 point dans la catégorie "**BRONZE**", 2 points dans la catégorie "**ARGENT**" et 3 points dans la catégorie "**OR**".
Chacun à son tour lit une question de chaque catégorie ; le premier qui répond correctement à une question gagne le(s) point(s) attribué(s) à la catégorie correspondante. Le premier joueur qui totalise 30 points remporte la partie !

Jeu 2
Ici, le gagnant est le joueur qui obtient le plus de points au bout de 7 minutes de jeu, montre en main. Chacun, tour à tour, lit une question de chaque catégorie ; le premier qui répond correctement a gagné le(s) point(s) correspondant(s).
Les réponses exactes valent les mêmes points que dans le jeu 1.
Les points sont totalisés à l'issue des 7 minutes de jeu. Le gagnant est celui qui obtient le plus de points.

Amuse-toi bien !

1000 QUESTIONS RÉPONSES

1 Quand le guépard court,
il peut faire des bonds de :
- ☐ 4 à 6 mètres
- ☐ 6 à 8 mètres
- ☐ 8 à 10 mètres

2 Le perroquet est un rapace :
- ☐ vrai
- ☐ faux

3 Laquelle de ces maladies
n'est pas contagieuse :
- ☐ la varicelle
- ☐ la rubéole
- ☐ le cancer

4 Lequel des deux ne chante
qu'avec ses ailes :
- ☐ le criquet
- ☐ la sauterelle

5 Un mâle orque pèse :
- ☐ 1 tonne
- ☐ 8 tonnes
- ☐ 15 tonnes

6 Qui a créé le personnage
de Don Quichotte ?
- ☐ Jules Verne
- ☐ Cervantes
- ☐ Hemingway

7 Où se trouvent ces pyramides ?

8 Qui appelle-t-on le roi Soleil ?
- ☐ Louis XII
- ☐ Louis XIII
- ☐ Louis XIV

9 Quel est l'auteur de la fable *Les animaux malades de la peste* ?
- ☐ Jean de La Fontaine
- ☐ Victor Hugo
- ☐ Jules Verne

4

10 Dans quel pays vivaient les Aztèques ?
- ☐ Pérou
- ☐ Chili
- ☐ Mexique

11 La tomate est un légume :
- ☐ vrai
- ☐ faux

12 Cet animal est-il en voie de disparition ?
- ☐ oui
- ☐ non

13 Quel célèbre compositeur souffrait de surdité depuis l'âge de 26 ans ?
- ☐ Mozart
- ☐ Beethoven
- ☐ Vivaldi

14 Où ce trouve cette sirène ?
- ☐ Rome
- ☐ Copenhague
- ☐ Sarajevo

5

15 La Bastille était :
- ☐ un théâtre
- ☐ un château
- ☐ une prison

16 Comment appelle-t-on les éleveurs de pigeons voyageurs ?
- ☐ des philatélistes
- ☐ des pigeonneaux
- ☐ des colombophiles

17 Les scorpions font partie de la même famille que les araignées :
- ☐ vrai
- ☐ faux

18 L'Himalaya est :
- ☐ une chaîne de montagnes
- ☐ un pays
- ☐ un océan

19 Le dessinateur des Schtroumpfs est :
- ☐ Roba
- ☐ Peyo
- ☐ Hergé

20 Le plus long réseau de métro est celui de:
- ☐ Londres
- ☐ New York
- ☐ Paris

21 Quelle est la capitale de l'Espagne ?
- ☐ Lisbonne
- ☐ Madrid
- ☐ Barcelone

22 Où trouve-t-on des obélisques de ce type ?

23 Que représentent les anneaux de couleurs des Jeux Olympiques

24 Comment appelle-t-on un collectionneur de timbres
- ☐ un philatéliste
- ☐ un timbré
- ☐ un philanthrope

Que trouve-t-on dans ce champ ? **25**

26 Qui était le premier roi d'Israël ?

27 Dans quelle fable lit-on que
*rien ne sert de courir,
il faut partir à temps* ?

6

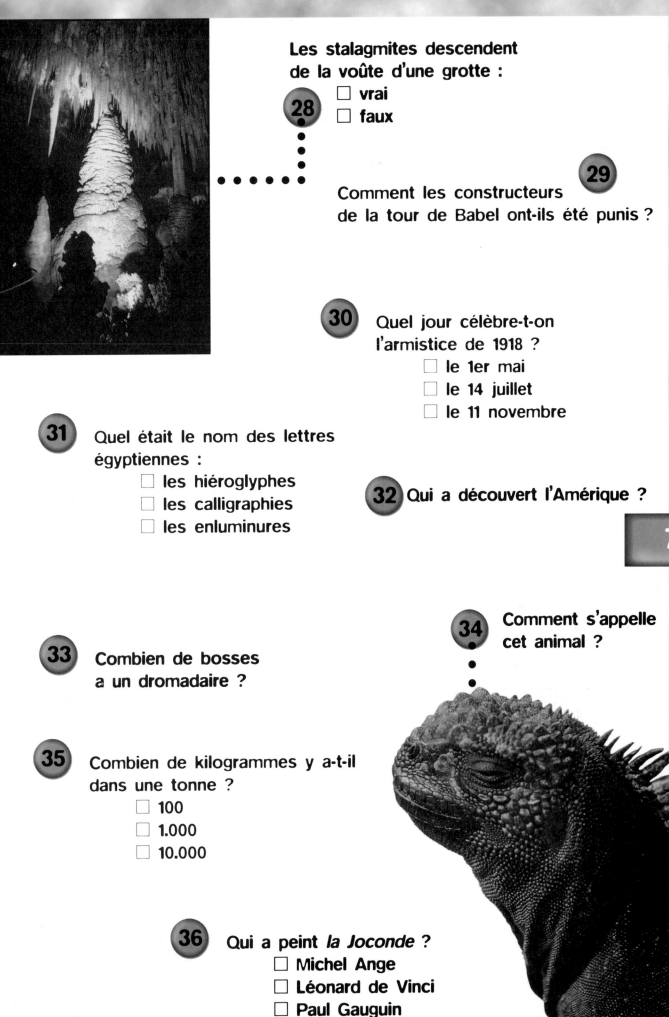

Les stalagmites descendent de la voûte d'une grotte :

28
☐ vrai
☐ faux

29
Comment les constructeurs de la tour de Babel ont-ils été punis ?

30
Quel jour célèbre-t-on l'armistice de 1918 ?
☐ le 1er mai
☐ le 14 juillet
☐ le 11 novembre

31
Quel était le nom des lettres égyptiennes :
☐ les hiéroglyphes
☐ les calligraphies
☐ les enluminures

32 **Qui a découvert l'Amérique ?**

34
Comment s'appelle cet animal ?

33
Combien de bosses a un dromadaire ?

35
Combien de kilogrammes y a-t-il dans une tonne ?
☐ 100
☐ 1.000
☐ 10.000

36
Qui a peint *la Joconde* ?
☐ Michel Ange
☐ Léonard de Vinci
☐ Paul Gauguin

37 Comment s'appellent ces animaux

38 Quel animal croasse ?
- ☐ le corbeau
- ☐ le crapaud
- ☐ la sauterelle

39 À qui *le Petit Chaperon Rouge* apporte-t-il des gâteaux ?

40 Qui a tué le géant Goliath ?

41 Que signifie le nom « Adam » ?

8

Comment s'appelle le premier homme
qui a été dans l'Espace ?
- ☐ Buzz Aldrin
- ☐ Youri Gagarine
- ☐ Neil Amrstrong

42

43 Qui a écrit *Les Misérables* ?
- ☐ Victor Hugo
- ☐ Jules Verne
- ☐ Daniel Defoe

Comment s'appelle
le compagnon de
Don Quichotte ?

44

45 •••••

Quelle est cette célèbre ville ?

46 Quel pays se trouve entre la Grèce et la Roumanie ?
- ☐ la Hongrie
- ☐ la Bulgarie
- ☐ l'Italie

47

Quelle était la première fusée européenne ?

48

Comment s'appelait le premier satellite placé en orbite de la terre en 1957 ?

49 • • • • • • • • • • •

Qui est représenté ici ?

50 Qui a écrit la célèbre épopée d'Ulysse ?
- ☐ Archimède
- ☐ Victor Hugo
- ☐ Homère

9

51 Qu'est ce que le sirtaki ?
- ☐ une célèbre danse grecque
- ☐ un alcool polonais
- ☐ un train de luxe

52

À l'aide de quel objet donne-t-on un avertissement au football ?

53

Le coton provient d'un animal :
- ☐ vrai
- ☐ faux

• • • • • • • • • • **54** Quelle est cette ville ?

55 Quelle est la forme d'un terrain de base-ball ?

56 Comment appelle-t-on un voilier à deux coques ?

57 Où trouve-t-on ces éléphants ?

58 Combien y a-t-il de couloirs sur une piste de course olympique ?
- ☐ 8
- ☐ 10
- ☐ 12

59 Au XIXᵉ siècle, quel célèbre meurtrier de femmes, à Londres, n'a jamais été arrêté ?

60 Où trouve-t-on des aurores boréales ?
- ☐ dans l'hémisphère sud
- ☐ dans l'hémisphère nord

61 Que représente la superficie des océans par rapport au reste de la Terre ?
- ☐ 63% de la superficie totale
- ☐ 71% de la superficie totale
- ☐ 79% de la superficie totale

62 Quels animaux sont-ils transformés en chevaux pour le carrosse de Cendrillon ?
- ☐ des souris
- ☐ des rats
- ☐ des chats

63 Une girafe peut atteindre :
- ☐ 4,5 mètres
- ☐ 5,5 mètres
- ☐ 6,5 mètres

64 Quel nom de fruit est aussi celui d'un oiseau ?

65

Quelle pierre précieuse a donné son nom à un vert spécifique ?

À quel pays correspond ce drapeau ? **66**
- ☐ Danemark
- ☐ Suède
- ☐ Norvège

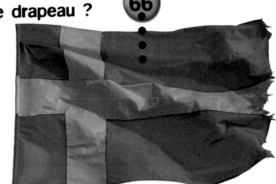

67 Où les bateaux et autres engins disparaîtraient mystérieusement ?

68 Que désigne le mot camaïeu ?
- ☐ des couleurs pastels
- ☐ diverses nuances d'une même couleur
- ☐ des couleurs complémentaires

69 Qui est le 2ème exportateur mondial de blé ?
- ☐ les États-Unis
- ☐ l'ex-URSS
- ☐ le Canada

70 Comment appelle-t-on un réalisateur de dessins animés ?

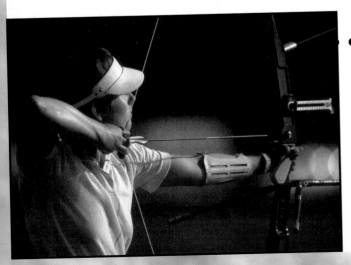

71 Le tir à l'arc est-il un sport olympique ?

72 Quel est le sens premier de Western ?
- ☐ de l'Est
- ☐ de l'Ouest

73 Où cet homme est-il en train de prier ?

74

Un brelan est un jeu de :
- ☐ trois cartes de même couleur
- ☐ trois cartes de même valeur
- ☐ quatre cartes de même valeur

75

Aladin est dans les Contes de Mille et Une Nuits :
- ☐ un jeune Chinois audacieux
- ☐ un jeune Arabe audacieux
- ☐ un jeune Anglais audacieux

76

Quelle est la formule pour accéder au trésor des 40 voleurs ?

77

Quel est l'animal qui brait ?

78 Le bull-dog et le bouledogue sont les noms d'un même chien ?
- ☐ vrai
- ☐ faux

79

Quel est le nom de cet oiseau ?
- ☐ un marabout
- ☐ un pélican
- ☐ une cigogne

80

Combien y a-t-il de plaques dans le jeu de domino ?
- ☐ 24
- ☐ 26
- ☐ 28

81

Qui conduit le troupeau d'éléphants ?
- ☐ le mâle
- ☐ la femelle

82 Quel est cet engin de gymnastique ?

83 Un cachalot peut atteindre :
- ☐ 18 mètres
- ☐ 25 mètres
- ☐ 30 mètres

84 Quel comte est le héros
d'un roman de Dumas ?

85 Où décerne-t-on la Palme d'or ?
- ☐ à Hollywood
- ☐ à Berlin
- ☐ à Cannes

86 Où décerne-t-on les Oscars ?

13

87 Le caméléon et le varan font-ils partie
de la même famille des lézards ?
- ☐ oui
- ☐ non

88 Quel est l'ancêtre
du base-ball américain ?
- ☐ le cricket
- ☐ le croquet

89 Qu'ont en commun le mouton et le lama ?

90 La samba est :
- ☐ une danse brésilienne
- ☐ une danse australienne
- ☐ un dessert chinois

91

Quel est le monstre mythologique
mi-homme, mi-cheval ?
☐ le cyclope
☐ le centaure
☐ la sirène

92

Comment appelle-t-on les lutins
des légendes scandinaves ?

93

Qui est le frère de Moïse ?
☐ Abraham
☐ Aaron
☐ David

94

À quelle température bout l'eau ?

95

L'autruche est-elle un oiseau ?
☐ oui
☐ non

96

Qui est le gentleman cambrioleur ?
☐ Robin des Bois
☐ Arsène Lupin

97

Quel est le nom de l'athlète qui, le
premier, effectua le saut en hauteur
sur le dos ?
☐ D. Fosbury
☐ C. Lewis

98

De quel célèbre détective privé,
le docteur Watson est-il l'ami ?

99

Quel type d'accident craignent les
mineurs par dessus tout ?

100 D'où sont originaires les canaris ?
- ☐ du Canada
- ☐ de Nouvelle Zélande
- ☐ des Canaries

101 Quelle est la date de la fête nationale des États-Unis ?
- ☐ 4 juillet
- ☐ 14 juillet
- ☐ 21 juillet

102 La nouvelle lune est la période où :
- ☐ la lune est visible sous la forme d'un disque lumineux
- ☐ la lune est visible sous forme de croissant
- ☐ la lune est invisible

103 • • • • • •

Quelle est la durée maximale d'une course de Formule 1 ?
- ☐ 1 heure
- ☐ 2 heures
- ☐ 3 heures

104 Quelle est l'unité de mesure du volume d'un corps ?
- ☐ le mètre
- ☐ le mètre carré
- ☐ le mètre cube

105 Quelle est la température maximale sur Mercure ?
- ☐ 250°C
- ☐ 400°C
- ☐ 500°C

106 Combien y a-t-il d'États aux États-Unis ?
- ☐ 49
- ☐ 50
- ☐ 51

• • • • • • • • • • **107**

Où le parapluie aurait-il déjà été inventé au IIe siècle avant J.-C. ?
- ☐ en Chine
- ☐ en Perse
- ☐ en Angleterre

108 À quelle vitesse va la lumière ?
- ☐ à environ 100.000 km par seconde
- ☐ à environ 200.000 km par seconde
- ☐ à environ 300.000 km par seconde

109

Combien de mètres aurait mesuré le phare d'Alexandrie (île de Pharos) ?
- ☐ 100 mètres
- ☐ 115 mètres
- ☐ 130 mètres

110

Quel est le triangle dont deux côtés sont égaux ?

111

Spartacus était :
- ☐ un esclave révolté
- ☐ un héros des Mille et Une Nuits
- ☐ un guerrier romain

112

Comment s'appelle le cousin de Donald ?

113

L'orvet est un lézard :
- ☐ vrai
- ☐ faux

Combien de kilos peuvent peser certaines tortues marines ?
- ☐ 50 kg
- ☐ 100 kg
- ☐ 300 kg

114

115

Combien de pattes ont les araignées ?
- ☐ 4 pattes
- ☐ 6 pattes
- ☐ 8 pattes

116 Quand célèbre-t-on le nouvel an en Chine ?
- ☐ en décembre
- ☐ en janvier
- ☐ en février

117 Combien de vies aurait un chat selon la légende ?

Quel est le nom
des monuments préhistoriques
dressés verticalement ?

119

Comment s'appelle le chien
des Simpsons ?

120

Quelle couleur donne le bleu
mélangé au jaune ?

121

Les chemises blanches
sont-elles interdites au
tennis de table ?

122 Dans quel jeu faut-il aligner des briques ?

123

De quel alphabet
s'agit-il ici ?

124

À qui appartient cette
devise : *Un pour tous,
tous pour un* ?

125

Que ramone *le Petit Prince* ?

126 Comment appelle-t-on le tapis employé
pour les arts martiaux ?

127

À base de quelle céréale prépare-t-on les corn flakes ?
- ☐ riz
- ☐ maïs
- ☐ blé

128

De quel continent est originaire la tomate ?

129

Combien de constellations figurent dans le zodiaque ?
- ☐ 7
- ☐ 10
- ☐ 12

Dans quelles régions vivent les pingouins principalement ?

131

130

Quelle est la dernière période de la préhistoire ?
- ☐ le néolithique
- ☐ le mésolithique
- ☐ le paléolithique

132

Qui défie les 40 voleurs ?

133

Quelle est la capitale de la Belgique ?

134

Quelle est la religion majoritaire du Vietnam ?

135

Comment appelle-t-on le handicap affectant certaines personnes dans la distinction des couleurs ?

18

 136

Comment appelle-t-on cet instrument utilisé un peu partout dans le monde ?

137

Quelle est la plus grande ville du monde ?
- ☐ New York
- ☐ Mexico
- ☐ Pékin

138

Comment s'appelle la panthère dans le *Livre de la jungle* ?

139

Le kiwi est :
- ☐ un légume
- ☐ un poisson
- ☐ un oiseau

140

Quelle est la couleur des maisons au Monopoly ?

141

De quel instrument jouait Miles Davis ?
- ☐ trompette
- ☐ saxophone
- ☐ piano

19

142 • • • • • • • •

Quel est cet animal ?

143

Quelle est la plus vieille femme du monde connue aujourd'hui ?
- ☐ Lily
- ☐ Lucy
- ☐ Rosy

144

Le coucou est-il un oiseau migrateur ?

145
Dans quelle publicité voit-on une vache violette ?

146
Où se trouvait la force de Samson ?

147
Comment s'appelaient les prêtres chez les Gaulois ?

148
Quel est le pays le plus peuplé ?
- ☐ les États-Unis
- ☐ la Chine
- ☐ le Nigéria

149 Comment s'appelle un chasseur qui chasse de manière prohibée ?

150
Une chauve-souris est :
- ☐ un oiseau
- ☐ un mammifère

151
Un amnésique souffre de perte de :
- ☐ cheveux
- ☐ mémoire
- ☐ souffle

152
Comment appelle-t-on ce genre de robe portée ici par cette dame ?

153
Le Soleil est-il une étoile ?

154 Au Tibet, peut-on être moine si jeune ?

155

Quelle durée de vie moyenne ont nos cils ?

☐ 3 mois
☐ 4 mois
☐ 6 mois

156

Quel est l'animal emblème de W.W.F. ?

157 Quel est la seule des *Sept Merveilles du Monde* que l'on puisse encore visiter aujourd'hui ?

158

Quel chemin de fer traverse l'ex-URSS ?

☐ l'Orient Express
☐ le transsibérien
☐ le transcaucasien

159 Quelles sont les deux couleurs du drapeau japonais ?

160 À quel pays appartient ce drapeau ?

161

Le fennec est :
☐ un chien
☐ un rongeur
☐ un renard

162

Quel tropique passe par le Brésil ?

21

163 Lors de quel célèbre carnaval trouve-t-on ce genre de masque ?

 164

La partie visible d'un iceberg est plus importante que celle se trouvant sous l'eau.
☐ vrai
☐ faux

 166

Quelle est la couleur du drapeau de Libye ?
☐ rouge
☐ vert
☐ jaune

165

Quel canard a pour fétiche son premier sou ?

 167 Combien d'ailes possèdent les papillons ?

 22

168 Le pharaon Toutankhamon était-il mort jeune ou âgé ?

169

Comment appelle-t-on la lave lorsqu'elle n'est pas encore arrivée à la surface du globe ?

 **170** Comment appelle-t-on ce chapeau de gentleman ?

171

Dans quel endroit du monde (France) observe-t-on les plus fortes marées existantes ?

172 Quel est le fleuve qui passe par Londres ?

173 Combien de jours y a-t-il dans une année bissextile ?
- ☐ 364
- ☐ 365
- ☐ 366

174 Quel est la longueur d'un bassin de natation olympique ?
- ☐ 25 mètres
- ☐ 50 mètres
- ☐ 100 mètres

175 Au son de quels instruments, Jéricho se serait-elle écroulée ?
- ☐ tambours
- ☐ trompettes
- ☐ lyres

176 Le Minotaure est un monstre mythologique :
- ☐ moitié homme, moitié cheval
- ☐ moitié homme, moitié dragon
- ☐ moitié homme, moitié taureau

177 Dans quelle ville italienne, trouve-t-on le palais des Doges ?
- ☐ Venise
- ☐ Pise
- ☐ Rome

178 Quel est le nom actuel de l'ancienne Rhodésie ?
- ☐ Zambie
- ☐ Zimbabwe
- ☐ Burkina Faso

179 À quel spectacle assistons-nous ici ?

180 Où se trouve le bâbord sur un bateau ?

181 Qui était Jean-Baptiste Poquelin ?
- ☐ Shakespeare
- ☐ Molière
- ☐ Gabin

182

Quel est le plus petit département français ?

183

Quelle ville désignait le nom romain Lutèce ?
- ☐ Bruxelles
- ☐ Paris
- ☐ Amsterdam

184 • • • • • • • •

De quelle manière cet alpiniste est-il en train d'effectuer sa descente ?

185

Dans quelle mer se trouve l'île de Chypre ?

186

Combien de kilomètres faisait le mur de Berlin ?
- ☐ 13
- ☐ 23
- ☐ 43

187

Comment s'appelle le célèbre parc de New York ?
- ☐ les Tuileries
- ☐ Hyde Park
- ☐ Central Park

• • • • • • • **188**

À quel animal appartient cet œuf (aide-toi du paysage) ?
- ☐ à un crocodile
- ☐ à une tortue
- ☐ à une autruche

189

Où se trouve le siège de l'O.N.U. ?
- ☐ Genève
- ☐ Montréal
- ☐ New York

24

190 Où sommes-nous ?

191 Combien mesure le mont Everest ?
- ☐ 6848 m
- ☐ 7848 m
- ☐ 8848 m

192 Quelles sont les couleurs des maillots de l'équipe de football brésilienne ?

193 Où se trouve le quartier chic de Beverley Hills ?
- ☐ à Washington
- ☐ à Los Angeles
- ☐ à New York

194 Un canal est une voie navigable construite artificiellement.
- ☐ vrai
- ☐ faux

25

De quels animaux les marcassins sont-ils les petits ? **195**

196 La mouette est-elle plus petite ou plus grande que le goéland ?

197 À quel héros appartient le cheval Tornado ?
- ☐ Zorro
- ☐ Robin des bois
- ☐ Don Quichotte

198 Où se trouvent calés les pieds des sprinters au départ d'une course ?

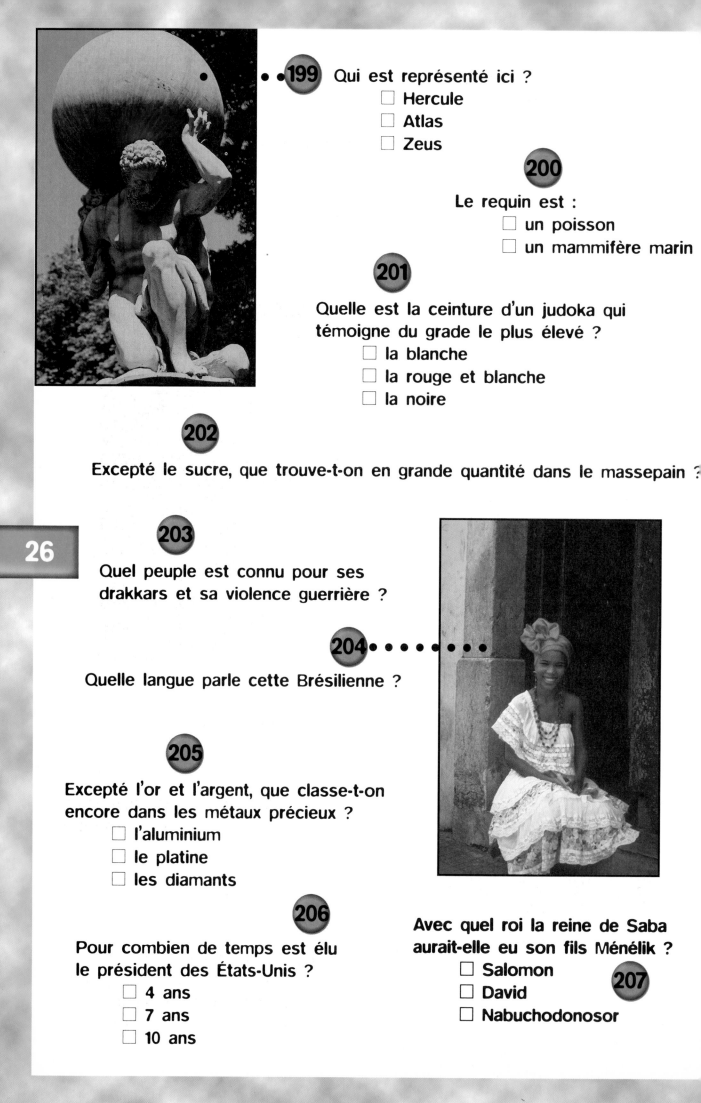

199 Qui est représenté ici ?
- ☐ Hercule
- ☐ Atlas
- ☐ Zeus

200

Le requin est :
- ☐ un poisson
- ☐ un mammifère marin

201

Quelle est la ceinture d'un judoka qui témoigne du grade le plus élevé ?
- ☐ la blanche
- ☐ la rouge et blanche
- ☐ la noire

202

Excepté le sucre, que trouve-t-on en grande quantité dans le massepain ?

203

Quel peuple est connu pour ses drakkars et sa violence guerrière ?

204

Quelle langue parle cette Brésilienne ?

205

Excepté l'or et l'argent, que classe-t-on encore dans les métaux précieux ?
- ☐ l'aluminium
- ☐ le platine
- ☐ les diamants

206

Pour combien de temps est élu le président des États-Unis ?
- ☐ 4 ans
- ☐ 7 ans
- ☐ 10 ans

Avec quel roi la reine de Saba aurait-elle eu son fils Ménélik ?
- ☐ Salomon
- ☐ David
- ☐ Nabuchodonosor

207

208 Quelle est la capitale du Canada ?
- ☐ Toronto
- ☐ Montréal
- ☐ Ottawa

209 Quel est le muscle le plus vital ?

210 Quelle est la planète du système la plus proche du Soleil ?
- ☐ Saturne
- ☐ Mercure
- ☐ Pluton

211 En l'an 2000, en quelle année sommes-nous pour les Juifs ?
- ☐ en 1420
- ☐ en 2544
- ☐ en 5760

212 Quelle est cette ville américaine dont les rues ont été rendues célèbres par une série télévisée ?

213 Quand fut inventé le basket-ball ?
- ☐ en 1851
- ☐ en 1891
- ☐ en 1901

L'Afrique est-il le continent le plus peuplé ?

214

215 Environ combien de tremblements de terre y aurait-il chaque année ?
- ☐ 100.000
- ☐ 200.000
- ☐ 500.000

216 Que signifie le mot « scalp » ?
- ☐ arrachement de la chevelure
- ☐ arrachement du cœur
- ☐ arrachement de l'estomac

217 Quelle substance Stradivari aurait-il utilisée pour rendre ses violons plus résistants au temps ?

218 Quand le soutien-gorge a-t-il été inventé
- [ ] en 1889
- [ ] en 1909
- [ ] en 1919

219 Les Cheyennes ont-ils tous été exterminés lors du génocide des Amérindiens ?
- [ ] oui
- [ ] non, quelques uns subsistent dans des réserves

220 Quelle vitamine extraite de carottes améliore la vue ?

221 Quand a été prise la première photo ?
- [ ] en 1800
- [ ] en 1826
- [ ] en 1856

222 Combien de pattes peut compter un mille-pattes au maximum ?
- [ ] 54
- [ ] 154
- [ ] 254

223 Quand eut lieu le débarquement allié en Normandie ?
- [ ] le 4 juin 1944
- [ ] le 6 juin 1944
- [ ] le 8 juin 1944

224 Les daltoniens sont le plus souvent des :
- [ ] hommes
- [ ] femmes

225 Les pyramides d'Égypte font partie des Merveilles du Monde. Combien en dénombre-t-on en tout ?

226 Que peuvent mesurer certains vers solitaires ?
- ☐ plus de 5 mètres
- ☐ plus de 10 mètres
- ☐ plus de 20 mètres

227 Une huître change de sexe au court de sa vie.
- ☐ vrai
- ☐ faux

228 Que signifie « Esquimaux » ?
- ☐ mangeurs de poisson
- ☐ mangeurs de viande
- ☐ hommes des glaces

229 Quel empereur romain conquit la Gaule ?

230 L'aigle est-il capable de voir pendant la nuit ?

231 Dans lequel de ces pays faire un renvoi après le repas est une marque de politesse ?
- ☐ en France
- ☐ en Italie
- ☐ en Chine

232 Quand a commencé le XXème siècle ?
- ☐ en 1899
- ☐ en 1900
- ☐ en 1901

Comment s'appelle le petit d'une girafe ?
- ☐ un girafon
- ☐ un girafeau

233

De quoi dépend très fort **234**
le vol d'une montgolfière ?

235

Un homme est-il déjà allé sur Mars ?

236 Quelle est la caractéristique
d'un triangle rectangle ?

237

Quel est certainement le plus
célèbre musée de Paris ?

238

Quelle est, en moyenne, la température normale
d'une personne adulte ? **239**

30

Qui est l'ennemi juré de Titi ?

Les Musulmans et les Juifs ont-ils le même calendrier que les Chrétiens ? **240**

241

De quelle terrible maladie les marins
étaient-ils souvent victimes ?

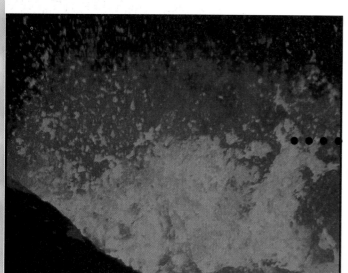

242

De quel Dieu dérive le mot volcan ?

243 De quelle nationalité était le compositeur et pianiste Franz Liszt ?
- ☐ allemande
- ☐ polonaise
- ☐ hongroise

244 Où se trouve le site historique de Machu Picchu ?
- ☐ au Pérou
- ☐ au Chili
- ☐ au Mexique

La raie peut-elle être dangereuse ?

245

246 Quel peuple rendit l'Andalousie florissante et « avant-gardiste » au Moyen Âge ?
- ☐ les Arabes
- ☐ les Français
- ☐ les Francs

247

Qui est plongée dans un sommeil de cent ans ?

248

Quelle était la spécialité littéraire des frères Grimm et de Perrault ?

249

Quand eut lieu la Bataille de Waterloo ?
- ☐ 1815
- ☐ 1821
- ☐ 1825

250

Quelle est la population moyenne sur notre planète ?
- ☐ 5 milliards
- ☐ 6 milliards
- ☐ 7 milliards

251

Combien de provinces y a-t-il en Belgique ?
- ☐ 8
- ☐ 9
- ☐ 10

252 Quelle constitution d'un grand pays tolère le port d'armes ?
- ☐ la Chine
- ☐ le Canada
- ☐ les États-Unis

253

Que signifie le proverbe "l'argent n'a pas d'odeur"

254

Que sont Warner, Fox, Universal, Paramont, Columbia, Disney, ... ?

255 Où se trouve la Statue de la Liberté
- ☐ à Londres
- ☐ à New York
- ☐ à Paris

256

Qui est le personnage créé par Charlie Chaplin au pantalon en accordéon, au chapeau melon et qui marche en canard ?

257

Pourquoi le chiffre 13 porte-t-il malheur ?

32

258

Quel est le nom du détroit entre l'Espagne et le Maroc ?
- ☐ le détroit de Gibraltar
- ☐ le détroit du Bosphore
- ☐ le détroit des Dardanelles

259

Qui sont les Casques Bleus ?
- ☐ les soldats de l'OTAN
- ☐ les soldats de l'ONU
- ☐ les soldats des États-Unis

Quel est le plus grand continent ? **260**

261 De combien de côtés dispose un décagone ?
- ☐ 6
- ☐ 10
- ☐ 12

262 Où se trouve l'Himalaya ?
- ☐ en Asie
- ☐ en Afrique
- ☐ en Océanie

263 Quel président américain fut contraint à démissionner ?
- ☐ Nixon
- ☐ Reagan
- ☐ Bush

264 Qui est le dessinateur de Tintin ?

265 Avec quoi joue-t-on au hockey sur gazon ?
- ☐ un club
- ☐ une raquette
- ☐ un stick

266 Qui est à la tête de la Suisse ?
- ☐ un roi
- ☐ un président
- ☐ un gouverneur

267 Avec quel signe écrit-on 10 en chiffres romains ?
- ☐ C
- ☐ V
- ☐ X

268 Quel est le plat préféré d'Obélix ?
- ☐ le sanglier
- ☐ le cochon
- ☐ le lapin

269 De quoi se nourrit un animal carnivore ?
- ☐ de légumes
- ☐ de viande
- ☐ de fruits

270 Qui est l'inventeur du saxophone ?

271 Quel est le pays d'origine du flamenco ?
- ☐ l'Espagne
- ☐ le Portugal
- ☐ le Mexique

272 De quelle couleur sont les taxis new-yorkais
- ☐ noire
- ☐ jaune
- ☐ rouge

273 Lequel de ces films n'a pas été réalisé par Steven Spielberg ?
- ☐ Rencontre du troisième type
- ☐ Titanic
- ☐ E.T.

274 Laquelle de ces trois langues est dite universelle ?
- ☐ le javanais
- ☐ l'anglais
- ☐ l'espéranto

275 Quelle est la religion officielle de l'Irak ?
- ☐ juive
- ☐ chrétienne
- ☐ musulmane

276 Où conduit l'œsophage ?
- ☐ à l'intestin
- ☐ au foie
- ☐ à l'estomac

277 Un angle supérieur à 90° est-il :
- ☐ aigu
- ☐ droit
- ☐ obtus

278 Quel est le pays d'origine du tango ?

279 Comment appelle-t-on la science qui étudie les astres ?
- ☐ l'astrologie
- ☐ l'astronomie
- ☐ la cosmétologie

280 Pour quelle cause Mandela a-t-il lutté ?
- ☐ la fin de l'apartheid
- ☐ l'abolition de la peine de mort
- ☐ la lutte des classes

281 De quoi les Aztèques avaient-ils le plus peur ?
☐ des bêtes sauvages
☐ de la disparition définitive du soleil
☐ de l'eau de pluie

282

Combien d'yeux la tarentule possède-t-elle ?
☐ 2
☐ 4
☐ 8

283

Quelle est la quantité de sang qui circule dans nos veines ?
☐ 1 litre
☐ 4 litres
☐ 10 litres

284 Sur quelle île se trouve le volcan, l'Etna ?

286

Hanoï est-elle la capitale :
☐ du Vietnam
☐ de la Birmanie
☐ du Népal

285 • • • • •

En quelle année l'homme a-t-il marché sur la Lune pour la première fois ?
☐ 1949
☐ 1959
☐ 1969

35

Cette cabine téléphonique est typique d'un pays. Lequel ?

288

287

Frans Hals est-il un peintre :
☐ hollandais
☐ français
☐ belge

289

Quand on dit qu'elle est en ronde-bosse. De quoi parle-t-on ?

290 Le traité de Versailles met-il fin à la Première Guerre mondiale ou à la Seconde Guerre mondiale ?

291 Dans quelle langue fut écrit L'Ancien Testament ?

292 Quel est le matricule de James Bond ?
- ☐ 003
- ☐ 005
- ☐ 007

Comment s'appelle ce fruit ? **293**

Combien de couleurs y a-t-il dans un arc-en-ciel ?
294
- ☐ 5 couleurs
- ☐ 7 couleurs
- ☐ 10 couleurs

Les pyramides d'Égypte étaient :
- ☐ des tombeaux pour les pharaons
- ☐ des marchés couverts de fruits et légumes
- ☐ des lieux de prière

295

296 Où vit l'ours blanc ?
- ☐ au pôle Nord
- ☐ aux États-Unis
- ☐ en Australie

297 Avec quoi travaillent les personnes qui pratiquent l'acupuncture ?
- ☐ un scalpel
- ☐ des aiguilles
- ☐ des ventouses

298 Comment appelle-t-on la monnaie utilisée aux États-Unis ?

299 Comment appelle-t-on les roches liquides qui sortent des volcans ?

300 Que font les nageurs professionnels pour nager plus vite ?
- ☐ ils ne mangent pas la veille de la compétition
- ☐ ils s'épilent le corps
- ☐ ils invoquent Neptune

301 Quelle est l'origine des contes des Mille et Une Nuits ?
- ☐ asiatique
- ☐ arabe
- ☐ australienne

302 Comment appelle-t-on les habitants de Monaco ?
- ☐ les Monacistes
- ☐ les Monacautes
- ☐ les Monégasques

303 De David et Goliath, qui était le plus fort ?

304 Combien y a-t-il de joueurs dans une équipe de football ?

305 Quel insecte devient un papillon ?

Lorsque nous fêtons Noël en Australie, en quelle saison sommes-nous ? **306**

307 Un ouistiti est-il :
- ☐ un petit singe
- ☐ un dessert à base d'amandes
- ☐ un ouragan dévastateur

1000 QUESTIONS RÉPONSES

308 Quelle est la planète la plus éloignée du Soleil ?

Les coraux sont-ils des animaux ?
☐ vrai
☐ faux

309

310

Le plus grand papillon mesure :
☐ 25 centimètres d'envergure
☐ 28 centimètres d'envergure
☐ 32 centimètres d'envergure

Les manchots sont des :
311
☐ oiseaux
☐ mammifères
☐ poissons

312

Qui a inventé l'alphabet utilisé à l'intention des aveugles ?
☐ Gutenberg
☐ Louis Braille
☐ Jack Sagot

313

Que signifie Inuit ?

38

314

Où ont été organisés les premiers jeux olympiques modernes de 1896 ?
☐ à Paris
☐ à Montréal
☐ à Athènes

Comment appelle-t-on le cri du cerf ?

315

316

La ville de Pompéi a été détruite par :
☐ un volcan
☐ un tremblement de terre
☐ une tempête

Quelle est la capitale de la Roumanie ?
317
☐ Bucarest
☐ Budapest
☐ Belgrade

Quelle forêt appelle-t-on le « poumon de la planète » ?

318

Qui se serait écrié ''Eurêka'' ! en découvrant la loi de la pesanteur ?
- ☐ Thalès
- ☐ Pythagore
- ☐ Archimède

319

320

Qui dut s'exiler parce qu'il était convaincu que le Terre tournait autour du Soleil ?
- ☐ Galilée
- ☐ Alfred Nobel
- ☐ Isaac Newton

321 Qui est Fidel Castro ?
- ☐ le chef de l'État cubain
- ☐ le chef de l'État costaricain
- ☐ le chef de l'État mexicain

322 Où se situe l'Antarctique ?
- ☐ au pôle Sud
- ☐ au pôle Nord

39

323

La monnaie de l'Inde est :
- ☐ le rouble
- ☐ le yen
- ☐ la roupie

324 • • • • • •

Comment s'appelle ce singe ?

325 Quel est le plus long fleuve du monde ?
- ☐ le Danube
- ☐ le Niger
- ☐ le Nil

326

Michel-Ange était
- ☐ un philosophe
- ☐ un peintre, sculpteur, poète et architecte
- ☐ un médecin

327

Donne le nom d'un lieu de pèlerinage connu en France.

Le flamant rose vit notamment
en Camargue, en France.

328 ☐ vrai
☐ faux

329

Quel est le fleuve ayant le plus
grand débit ?
☐ l'Amazone
☐ le Mississippi
☐ le Rhin

330 Quel fleuve passe par trois
capitales européennes ?

331

Quelle est la capitale de Cuba ?
☐ Buenos Aires
☐ Lima
☐ La Havane

332

Qui a découvert la théorie
de la relativité ?
☐ Einstein
☐ Platon
☐ Marie Curie

333

Combien de symphonies
Beethoven a-t-il écrites ?

334

Qui a découvert la dynamite ?
☐ Adolf Hitler
☐ Rudolf Diesel
☐ Alfred Nobel

335

Qui étaient les fils d'Adam et Eve ?

336

Quelle ville surnomme-t-on la « Ville lumière » ?
☐ Berlin
☐ New York
☐ Paris

337

Quelle est cette ville
romantique ?

338 Quel est le nom de la plus célèbre héroïne française du Moyen Âge?

339 Où se trouve le Gange ?
- ☐ en Inde
- ☐ en Chine
- ☐ en Turquie

340 Qu'appelle-t-on la houille blanche ?
- ☐ la craie
- ☐ l'énergie des chutes d'eau
- ☐ l'énergie de la neige

341 Où trouve-t-on ce genre de paysage ?
- ☐ dans le désert du Sahara
- ☐ dans le désert du Namib
- ☐ dans le désert d'Arizona

342 Qui a écrit « L'Avare » ?
- ☐ Molière
- ☐ La Fontaine
- ☐ Shakespeare

Quel est le nom de cette ville ?

343

344 Comment appelle-t-on la tour d'une mosquée ?
- ☐ le minaret
- ☐ le muezzin
- ☐ le keffieh

345 Qui est Arthur Rimbaud ?
- ☐ un poète
- ☐ un trafiquant d'armes
- ☐ un peintre

346 À l'aide de quel instrument mesure-t-on l'humidité ?
- ☐ du thermomètre
- ☐ de l'hydromètre
- ☐ de l'hygromètre

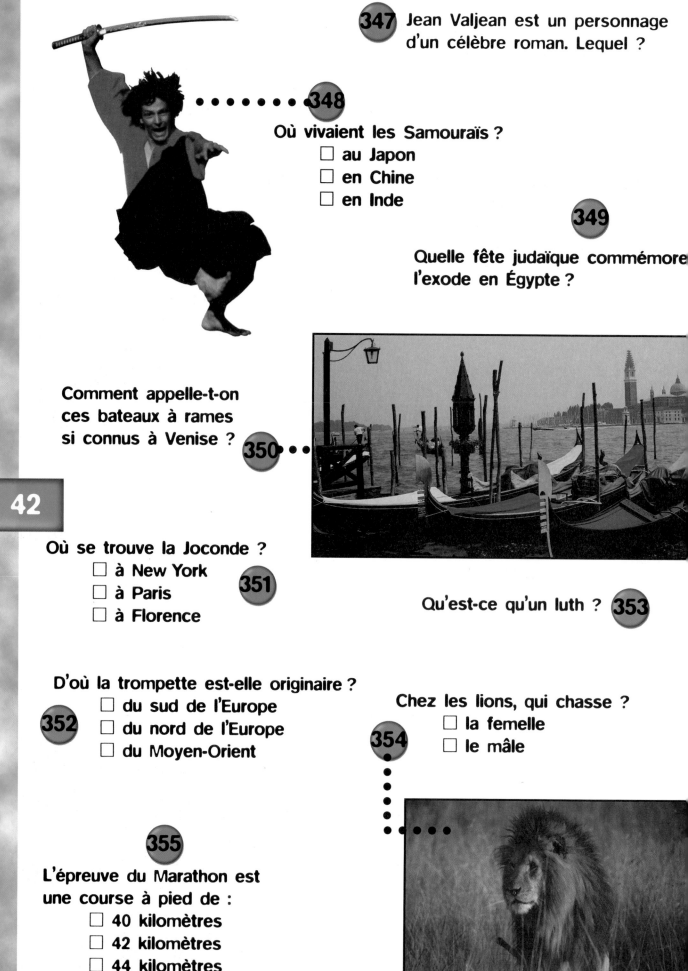

347 Jean Valjean est un personnage d'un célèbre roman. Lequel ?

348

Où vivaient les Samouraïs ?
- ☐ au Japon
- ☐ en Chine
- ☐ en Inde

349

Quelle fête judaïque commémore l'exode en Égypte ?

Comment appelle-t-on ces bateaux à rames si connus à Venise ? **350**

42

Où se trouve la Joconde ?
- ☐ à New York
- ☐ à Paris **351**
- ☐ à Florence

Qu'est-ce qu'un luth ? **353**

D'où la trompette est-elle originaire ?
- ☐ du sud de l'Europe
- **352** ☐ du nord de l'Europe
- ☐ du Moyen-Orient

Chez les lions, qui chasse ?
- ☐ la femelle
- **354** ☐ le mâle

355

L'épreuve du Marathon est une course à pied de :
- ☐ 40 kilomètres
- ☐ 42 kilomètres
- ☐ 44 kilomètres

356 Quel est le premier homme à avoir été mis en orbite autour de la terre en 1961 ?

357 Qui est le héros de *Vingt Mille lieues sous les mers* ?

358 En quel lieu célèbre les anciens Grecs se rendaient-ils pour qu'on leur prédise l'avenir ?
- ☐ à Constantinople
- ☐ en Macédoine
- ☐ à l'Oracle de Delphes

359 • • • • • • • • • •
Où se trouve ce célèbre monument ?

Quel est le nom du canal qui sépare le Péloponnèse du reste de la terre grecque ?
360
- ☐ le canal de Corinthe
- ☐ le canal de Suez
- ☐ le Bosphore

43

Quel est le nom de la plus grande des îles Baléares ?
361
- ☐ la Crète
- ☐ Majorque
- ☐ la Sardaigne

362 À quelle température bout l'éther ?
- ☐ 34 ° C
- ☐ 46 ° C
- ☐ 115° C

363 • • • • • • • • •
Les tigres vivent-ils en Afrique ?

364 Combien de jeux, au minimum, faut-il gagner au tennis pour obtenir un set ?

365 Combien de points, au minimum, faut-il obtenir pour gagner une manche de tennis de table ?

366 Quel groupe sanguin appelle-t-on « donneur universel » ?
- ☐ A
- ☐ AB
- ☐ O

367 •••••

Dans quel roman de Jules Verne, un géologue part explorer la terre à partir d'un cratère de volcan ?

368

Qu'est ce que du bronze ?
- ☐ un alliage de carbone et de cuivre
- ☐ un alliage de cuivre et d'étain
- ☐ un alliage de cuivre et d'aluminium

369 Comment appelle-t-on l'alliage de cuivre et de zinc ?

S'agit-il d'un guépard ou d'un léopard ?

•••••••••••••**370**

371 Quel empereur aurait fait brûler Rome ?

372 Où est né Mahomet ?

373 Dans l'hémisphère Nord, à quelle époque de l'année le jour est-il le plus long ?
- ☐ au solstice d'hiver
- ☐ au solstice d'été

374 Quel était le surnom du fils de Napoléon ?

375 Quel célèbre Romain a déclaré : *veni, vedi, vici* ?

376 Quel objet indique le danger sur un circuit automobile ?
☐ un drapeau noir et blanc
☐ un drapeau rouge
☐ un drapeau jaune

En quelle année
le mur de Berlin est-il tombé ?
☐ 1988
☐ 1989   **377**
☐ 1990

À la tête de quel pays Mobutu se trouvait-il ?
☐ du Zaïre   **378**
☐ du Burkina Faso
☐ de l'Angola

D'où est originaire le surf ?
379 ☐ des Caraïbes
☐ des Baléares
☐ de Polynésie

380 L'antilope est-elle un bovidé ?

381
Les cosaques sont un peuple :
☐ d'Asie centrale
☐ d'Afrique du Sud
☐ d'Amérique du Nord

382

Dans quel pays les Kabyles vivent-ils ?

45

383

Quand s'est produit le premier choc pétrolier ?
☐ 1970
☐ 1973
☐ 1978

384

La plus grande envergure connue chez les oiseaux est celle :
☐ de l'albatros hurleur
☐ de l'aigle royal
☐ du condor

385 De quelle couleur est la célèbre pierre lapis-lazuli ?
- ☐ rouge
- ☐ bleue
- ☐ multicolore

386 Qui a écrit le série des *Rougon-Macquart* ?
- ☐ Balzac
- ☐ Zola
- ☐ Dumas

Quelle ville d'Europe a été éclairée la première au pétrole ?

387
- ☐ Berlin
- ☐ Moscou
- ☐ Bucarest

388 • • • • • • •

Comment s'appelle la crosse utilisée au golf ?

389

Au bowling, il faut renverser 10 quilles placées à :
- ☐ 15 mètres
- ☐ 20 mètres
- ☐ 25 mètres

390 Quelle île est réputée pour ses lémuriens ?
- ☐ Cuba
- ☐ Madagascar
- ☐ Haïti

391 Comment appelle-t-on la cornemuse bretonne ?

Où trouve-t-on ces pyramides ?

392

393 Comment s'appelle la languette placée dans le bec de certains instruments à vent ?

394

Qui réussit à gruger le Cyclope en se faisant appeler Personne ?

395 La *Comédie humaine* désigne
des œuvres de :
- ☐ Balzac
- ☐ Molière
- ☐ Shakespeare

On trouve des hyènes tachetées :
396
- ☐ en Afrique
- ☐ en Asie
- ☐ en Australie

397 Un mustang est :
- ☐ un cheval
- ☐ un taureau
- ☐ un guépard

Le motoball est du football
pratiqué à moto : **398**
- ☐ vrai
- ☐ faux

399 Quel est le nom de cet avion servant
souvent aux convois humanitaires ?

Quel est le nom de ce théâtre de Moscou, réputé pour ses ballets ?
400
- ☐ le Bolchoï
- ☐ la Pravda
- ☐ le Potemkine

401 Qu'est-ce que le calypso ?
- ☐ une danse jamaïcaine
- ☐ une marque de voiture
- ☐ une région du Brésil

402

En boxe, les poids coq pèsent :
- ☐ jusqu'à 53,15 kilos
- ☐ jusqu'à 63,15 kilos
- ☐ jusqu'à 90,55 kilos

403

Quel est le nom scientifique
de ces nuages ?
- ☐ cirrocumulus
- ☐ cirrostratus
- ☐ cumulo-nimbus

404 En quelle année a-t-on cessé de construire le Concorde ?
- ☐ en 1980
- ☐ en 1989
- ☐ en 1992

Qu'est-ce que l'hégire ?

405
- ☐ la mort de Mahomet
- ☐ le départ de Mahomet pour Médine
- ☐ le pèlerinage à la Mecque

Qui est le chef spirituel des bouddhistes tibétains ?

406
- ☐ le nirvana
- ☐ Bouddha
- ☐ le dalaï-lama

407 • • • •

Quelle est la marque de cette voiture ?

408

Laquelle de ces mesures concerne la pression atmosphérique ?
- ☐ la barométrie
- ☐ la densimétrie
- ☐ la gravimétrie

409

Les dieux domestiques chez les Romains étaient :
- ☐ les harpies
- ☐ le panthéon
- ☐ les pénates

410

Comment appelle-t-on les chapitres du Coran ?
- ☐ les versets
- ☐ les sourates
- ☐ les prières

• • • • • • • **411**

Comment s'appelait l'Allemagne de l'Est ?
- ☐ R.D.A.
- ☐ R.F.A.

412

La catégorie des poids lourds en boxe est celle de :
- ☐ plus de 75 kilos
- ☐ plus de 86 kilos
- ☐ plus de 92 kilos

413 Quelle langue parle-t-on au Cap Vert ?
☐ le portugais
☐ l'espagnol
☐ l'arabe

414 Qui est-ce ?

415 Quelle est la religion majoritaire en Grèce ?

Quel est le nom du sous-marin du Capitaine Nemo ?
416
☐ le Nautilus
☐ le Titanic
☐ le Vaisseau

417
Qui est le père de Télémaque ?
☐ Achille
☐ Pâris
☐ Ulysse

418 Qui partit à la conquête de la *Toison d'or* ?
☐ Ulysse
☐ Jason
☐ Oreste

419 Que trouve-t-on dans l'hydromel ?
☐ de l'eau et du miel
☐ du thé et du gingembre
☐ de l'eau et de la menthe

420 Quel est cet insecte ?

421 Quelle est la capitale de Madagascar ?

422 Quel est le cinéaste soviétique le plus réputé de par le monde ?
☐ Kustorica
☐ Eisenstein

423 Comment a-t-on appelé la période d'interdiction de boire de l'alcool aux États-Unis ?

424 Qui étaient les membres du parti National-socialiste allemand ?
- ☐ les chemises noires
- ☐ les chemises brunes
- ☐ les chemises vertes

425 Quel est l'équivalent de la Croix-Rouge dans les pays musulmans ?

Quel est le nom de ce sport chinois ? **426**

427 Quel est le plus petit État du monde ?

428 Une année lumière équivaut à :
- ☐ 9.461 kilomètres
- ☐ 9.461 millions de kilomètres
- ☐ 9.461 milliards de kilomètres

429 Quel est le symbole utilisé pour désigner une inconnue en mathématique ?

430 Quel est le style théâtral basé sur l'improvisation des acteurs ?

Quelle mer sépare le Yémen de l'Ethiopie ? **431**

Comment appelle-t-on la culture d'abeilles ?
432
- ☐ l'aviculture
- ☐ l'apiculture
- ☐ la mytiliculture

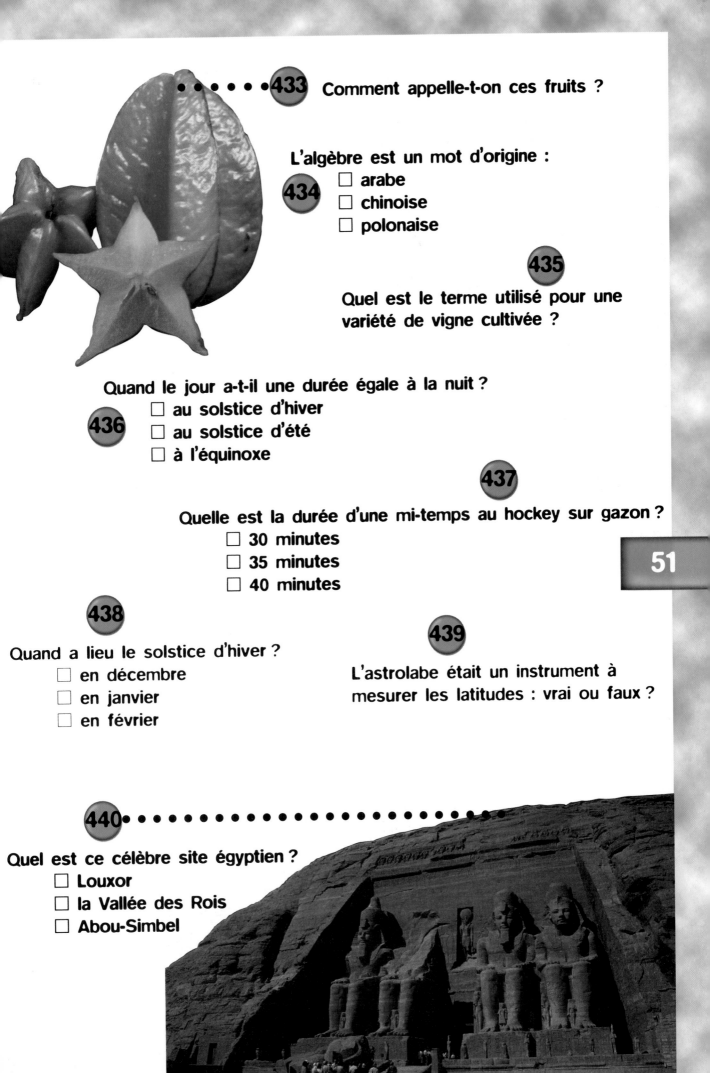

433 Comment appelle-t-on ces fruits ?

434 L'algèbre est un mot d'origine :
- ☐ arabe
- ☐ chinoise
- ☐ polonaise

435

Quel est le terme utilisé pour une variété de vigne cultivée ?

Quand le jour a-t-il une durée égale à la nuit ?
436
- ☐ au solstice d'hiver
- ☐ au solstice d'été
- ☐ à l'équinoxe

437

Quelle est la durée d'une mi-temps au hockey sur gazon ?
- ☐ 30 minutes
- ☐ 35 minutes
- ☐ 40 minutes

438
Quand a lieu le solstice d'hiver ?
- ☐ en décembre
- ☐ en janvier
- ☐ en février

439

L'astrolabe était un instrument à mesurer les latitudes : vrai ou faux ?

440

Quel est ce célèbre site égyptien ?
- ☐ Louxor
- ☐ la Vallée des Rois
- ☐ Abou-Simbel

441 Saturne a été découverte par :
- ☐ Huygens
- ☐ Copernic
- ☐ Stevin

442 Copernic était :
- ☐ un astronome polonais
- ☐ un philosophe italien
- ☐ un navigateur portugais

443 Que signifie UNICEF ?

Quel état provisoire prend la chenille avant de devenir papillon ? **444** • • • • • • •

445 Quel est le surnom de Vénus ?

446 Combien de remplaçants sont autorisés pour un match de football ?

447 En janvier, lorsqu'il est midi à Bruxelles, quelle heure est-il à Montréal ?
- ☐ 6 heures du matin
- ☐ 6 heures du soir
- ☐ minuit

Quel est le nom de cet animal préhistorique ?
• • • • • • • • **448**
- ☐ ornithopode
- ☐ hadrosaure
- ☐ avipodien

449 Combien de Tours de France Eddy Merckx a-t-il remporté ?

450 Quel est l'équivalent des branchies chez les humains ?

 451

Quel épisode d'Astérix se passe en Égypte ?

452

Quel est le dieu grec des vents ?

 **453** • • • •

Quel phénomène naturel provoque les marées ?

53

Comment surnomme-t-on l'espadon ?
☐ poisson-sabre
☐ poisson-épée   **455**
☐ poisson-aiguille

454 Quel est le prénom de la chanteuse, sœur de Michaël Jackson ?

456 Quel empereur aztèque le conquistador Cortès a-t-il capturé ?

• • •**457**

Quelle est la marque de cette voiture que l'on peut encore trouver à Cuba ?
☐ Chrysler
☐ Chevrolet
☐ Ford

458 Quel célèbre héros est né sur la planète Krypton ?

Comment s'appelle Alien IV ?
459
☐ la Renaissance
☐ la Résurrection
☐ le Retour

• • • • •**460** Comment appelle-t-on cette combinaison spéciale pour la plongée ?

461 Léonardo Di Caprio a-t-il joué dan la série *Quoi de neuf docteur* ?

462

Combien de personnages y a-t-il dans la série Friends ?

54

Quel est le nom courant des myriapodes ? **463**

464 Quel est le plus petit pays de l'Union Européenne ?

Combien de satellites possède Saturne ?
☐ 9
☐ 12 **465** • • • • • •
☐ 18

466 Que signifient les initiales « E.T. » dans le film du même nom ?

467 Qu'est-ce que le septième art ?
- ☐ la peinture
- ☐ la B.D.
- ☐ le cinéma

Manhattan est une île :
468
- ☐ vrai
- ☐ faux

469 • • • • • • • • •

Qui est-ce ?

470

Dans quelle ville allemande a lieu la célèbre Fête de la bière ?
- ☐ Berlin
- ☐ Francfort
- ☐ Munich

471

Quel est le nom de la chienne, premier être vivant à voyager dans l'espace ?

Quel pays actuel portait le nom de Siam ?
- ☐ Grèce
473
- ☐ Thaïlande
- ☐ Viêt-nam

472 Quelle est la profession de Superman ?

474

Quel est l'océan le plus grand ?

• • • • • • •**475**

Où se trouve la célèbre église de Basile-le-Bienheureux ?

476 Comment appelait-on la grille se trouvan à l'entrée des châteaux forts ?

477

L'or pur compte :
- ☐ 10 carats
- ☐ 24 carats
- ☐ 100 carats

478

Quelle est l'épaisseur d'un tatami ?
- ☐ 6,5 cm
- ☐ 7,5 cm
- ☐ 8,5 cm

479

Le gaspacho est :
- ☐ un animal en voie de disparition
- ☐ un potage espagnol
- ☐ un plat indonésien

480

De quelle ville italienne est-il fait référence dans le mot parmesan ?

Comment appelait-on la torture sous l'Ancien Régime en France ?
- ☐ « la chose »
- ☐ « la question » **481**
- ☐ « l'entretien »

482

Comment appelle-t-on un soldat qui est à la solde d'un pays étranger au sien ?

483 Qui appelle-t-on la *dame de fer* ?
- ☐ Madeleine Allbright
- ☐ Margaret Thatcher
- ☐ Indira Ghandi

484 Que signifie « amen » ?

485

Qui est Olive ?

486 • • • • • • • • • • •

Dans quelle ville trouve-t-on cette cathédrale ?

487

Combien de travaux Hercule a-t-il accomplis ?
- ☐ 7
- ☐ 12
- ☐ 13

488

Qu'est ce qu'un moujik ?
- ☐ un capitaine de l'armée rouge
- ☐ un simple soldat
- ☐ un paysan

489

Où se trouve la base spatiale de Kourou ?

490

Quel est le premier film français parlant tourné en 1929 ?

491

Qui aime Eurydice au point d'aller la chercher en Enfer ?
- ☐ Oreste
- ☐ Orphée
- ☐ Ulysse

Où se trouvent ce faux sphinx et cette fausse pyramide ?

• • • • • • • • • • • **492**

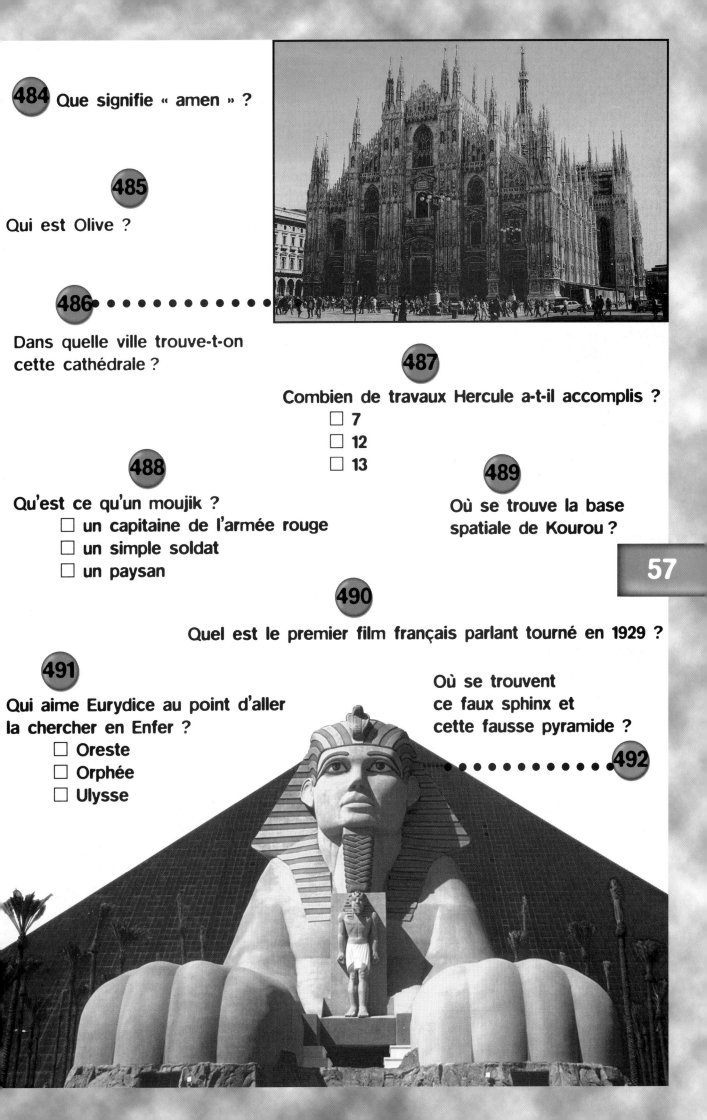

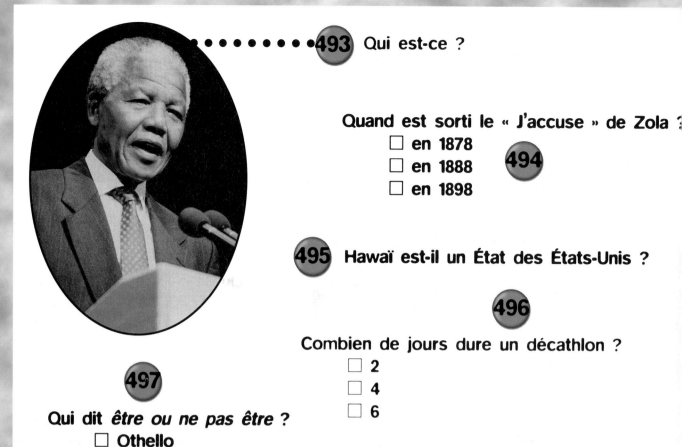

493 Qui est-ce ?

Quand est sorti le « J'accuse » de Zola ?
☐ en 1878
☐ en 1888 **494**
☐ en 1898

495 Hawaï est-il un État des États-Unis ?

496

Combien de jours dure un décathlon ?
☐ 2
☐ 4
☐ 6

497

Qui dit *être ou ne pas être* ?
☐ Othello
☐ le Roi Lear
☐ Hamlet

498

Quel est le nom du célèbre avant-centre argentin qui portait le numéro 10 ?

499 Quelle pierre mystérieuse pourrait transformer le plomb en or ?
☐ la pierre angulaire
☐ la pierre sacrée
☐ la pierre philosophale

Lors de quelle guerre contemporaine, les pigeons voyageurs ont-ils encore été utilisés pour transmettre des informations militaires ?

500

501 Le Luxembourg est :
☐ un royaume
☐ une principauté
☐ un grand-duché

502 Quel est le héros de *Goldeneye* ?

503 Combien de fuseaux horaires y a-t-il ?
- ☐ 12
- ☐ 24
- ☐ 36

504 Quel dieu grec provoque la foudre ?

505 Quelle est l'abréviation de l'explosif trinitrotoluène ?

506 Quel bonnet est le symbole de la révolution française ?

Molotov fut :
507
- ☐ l'inventeur du cocktail Molotov
- ☐ un marin russe
- ☐ un homme politique russe

508 Quel chant commence par « c'est la lutte finale » ?

509

En France, quel était la cité des Papes au Moyen Âge ?
- ☐ Lyon
- ☐ Marseille
- ☐ Avignon

Cette sculpture représente un faucon. Il est le dieu solaire de l'Ancienne Égypte. Qui est-il ?
- ☐ Horus
- ☐ Osiris
- ☐ Hattor

510

511 Amerigo Vespucci a laissé son nom à un pays. Lequel ?

512 Combien de voyages Christophe Colomb a-t-il fait en Amérique ?
☐ 2
☐ 3
☐ 4

513 Qui est-ce ?

514 Quel est l'instrument utilisé en Russie pour préparer le thé ?
☐ le narguilé
☐ la babouchka
☐ le samovar

Les jeux olympiques ont forcément lieu :
☐ les années impaires
515 ☐ les années paires
☐ les années paires et impaires

516

Une voix alto désignait :
☐ une voix de femme la plus grave
☐ une voix d'homme la plus grave
☐ une voix de femme la plus aiguë

517

Quel peuple mésopotamien aurait inventé la roue ?
☐ les Babyloniens
☐ les Sumériens
☐ les Assyriens

Dans l'Antiquité, quelles étaient les divinités des rivières et des fontaines ?

518

519 Où se trouve la Crimée ?
- ☐ en Ukraine
- ☐ en Estonie
- ☐ en Russie

520

Où se rencontrent
tous les méridiens ?

522

Quelle est cette ville ?
- ☐ Bruxelles
- ☐ Bruges
- ☐ Amsterdam

Dans quel célèbre roman trouve-t-on
l'ambitieux Rastignac ?

521
- ☐ le Père Goriot
- ☐ le Rouge et le Noir
- ☐ la Bête humaine

523

Comment appelait-on l'impôt sur le sel ?
- ☐ la dîme
- ☐ la gabelle
- ☐ cens

524

À qui profitait la dîme ?
- ☐ aux seigneurs
- ☐ au roi
- ☐ au clergé

525 Quelle est la spécialité de la muse Clio ?
- ☐ l'histoire
- ☐ la comédie
- ☐ l'astronomie

526

De quel pays serait originaire la fête d'Halloween ?

527
Quelle est l'abréviation scientifique de ce qu'on appelle communément « la maladie de la vache folle » ?

528
Qui a vendu son âme au diable en échange de la jeunesse et de la puissance ?

529
Qui a construit le labyrinthe emprisonnant le Minotaure ?
- ☐ Ariane
- ☐ Dédale
- ☐ Icare

530
Où fut composée la Marseillaise ?
- ☐ à Paris
- ☐ à Lyon
- ☐ à Strasbourg

531
De quelle couleur est la pierre « topaze »
- ☐ jaune
- ☐ rouge
- ☐ verte

532
Quelle est la capitale d'Israël ?

533
Quand le Compact Disque a-t-il été mis au point par Philips et Sony ?
- ☐ en 1979
- ☐ en 1983
- ☐ en 1989

534
Combien de morts a fait la Seconde Guerre mondiale ?
- ☐ 8 millions
- ☐ 20 millions
- ☐ 50 millions

535 Qui lança l'appel à la résistance le 18 juin 1940

536 De quel groupe faisait partie Robert Plant ?

537 Quel est le nom de famille de Mickey ?

538 Comment s'appelle le cocktail mélangeant rhum et Coca-Cola ?

539 Comment s'appelle les deux robots de *la Guerre des Étoiles* ?

540 Quels deux grands pays s'opposaient lors de la Guerre de Cent ans?

Quand eut lieu la Nuit de Cristal dans toute l'Allemagne ? **541**
- ☐ en 1936
- ☐ en 1938
- ☐ en 1939

Qui s'opposaient lors de la guerre du Péloponnèse ?
542
- ☐ Sparte et Athènes
- ☐ Troie et Athènes
- ☐ la Perse et Athènes

543 Quel homme politique prussien déclare la guerre à la France en 1870 ?

Quelle religion originaire d'Égypte est pratiquée par les Chrétiens d'Éthiopie ?

544

545 Qui est-ce ?

546

Que trouvait-on à Hollywood avant Hollywood ?

547 Qui a dit « De tous les arts, le plus important c'est le cinéma » ?

Loup-cervier est le nom d'un :
- ☐ lynx
- ☐ renard **548**
- ☐ loup

549

De quand date *Don Juan*, le premier film sonore ?
- ☐ de 1920
- ☐ de 1924
- ☐ de 1926

550

Le plus petit oiseau d'Europe porte le nom d'un type d'habitat. Quel est-il ?

551

La Planète Mars est-elle plus petite ou plus grande que la Terre ?

552

Combien d'Aliens a-t-on pu voir au cinéma

553

Où trouve-t-on des yacks ?
- ☐ en Asie centrale
- ☐ en Amérique latine
- ☐ en Australie

554 • • • • • • • • •

Quel objet permet d'enregistrer
es conversations dans le poste
le pilotage, les températures
extérieures et l'altitude de l'avion ?

555

Quelle religion est obligatoire pour les présidents
de la République d'Argentine ?

De quand date la première
Coupe du monde de rugby ?
☐ 1947
☐ 1967   **556**
☐ 1987

Quand l'Inquisition a-t-elle été supprimée
en Espagne ?
557 ☐ XVIème siècle
☐ XVIIIème siècle
☐ XIXème siècle

558

Quel est le nom du cheval de Don Quichotte ?

559

Dans la Pléiade antique,
combien de poètes y avait-il ?
☐ 5
☐ 7
☐ 12

560 Qui fut six années durant le n°1 mondial
en tennis ?
☐ Sampras
☐ Mc Enroe
☐ Boris Becker

• • • • • • • • • • • • • • •**561**

Dans quelle position le flamant rose
passe-t-il la majeure partie de sa journée ?

• • • • • • • • • • • • • • • **562**

Dans quelle ville se trouve
cette fameuse tour inclinée ?

563 Quelle chaîne de montagnes marque
la frontière entre l'Europe et l'Asie ?
☐ le Caucase
☐ l'Oural
☐ l'Atlas

564

Quel est le nom du vaisseau dans *Star Trek* ?

565 • • • • • • • • • • •

Qu'ont coutume d'insérer
les Juifs entre les briques
du Mur des Lamentations ?

Comment s'appelle l'habitant du Guatémala ? **566**

567

Quelle est la capitale d'Érythrée ?

568

L'Arabie Saoudite a-t-elle accès à la Mer Rouge ?

Qui a mené la construction du canal de Suez ?
☐ Ernest Solvay
569 ☐ Buick
☐ Ferdinand de Lesseps

570 Comment le lama manifeste-t-il son mécontentement ?

571

D'où provient la vanille ?
- ☐ d'une orchidée
- ☐ d'un mélange d'épices
- ☐ d'un certain type de nectar

Au plus les cordes vocales sont longues, au plus la voix est :
- ☐ aiguë
- ☐ grave **572**

Quand furent découverts les « trous noirs » ?
- ☐ en 1921
573
- ☐ en 1948
- ☐ en 1983

574

Un arc-en-ciel compte sept couleurs mais combien d'entre elles peut-on voir ?
- ☐ 4
- ☐ 5
- ☐ 6

575

Quand eut lieu le premier concours de l'Eurovision ?
- ☐ en 1949
- ☐ en 1956
- ☐ en 1962

576

Les tortues marines sont
- ☐ menacées d'extinction immédiate
- ☐ menacées d'extinction à long terme
- ☐ en surpopulation

De quelle boisson a abusé Balzac au point d'en mourir ?
- ☐ l'absinthe
- ☐ le café **577**
- ☐ le vin

578

Combien de temps dure environ
la gestation d'un éléphant ?
☐ 1 mois
☐ 9 mois
☐ 20 mois

579 À quoi était dû la vague de crimes et de meurtres au cours
de laquelle Al Capone s'est rendu célèbre ?

De quelle ville était originaire le tissu très solide « denim » ? **580**

Quelle qualité attribue-t-on d'habitude au roi Salomon ?
☐ la piété
☐ la générosité **581**
☐ la sagesse

582

Quelle lettre de Zola prenait une position
sans détour dans « l'Affaire Dreyfus » ?

Que démasque le héros des « Trente-neuf marches » de Hitchcock ?
☐ un détournement de fonds
583 ☐ un réseau de prostitution
☐ un réseau d'espionnage

Quel traité signé le 7 mai 1919 mit
fin à la Première Guerre mondiale ?
584

Qui était « Boudu sauvé des eaux »
dans le film de Renoir du même nom ?
☐ Gabin
☐ Michel Simon **585**
☐ Jean Marais

Quelle science porte sur l'étude des ethnies ?

Quel est le réalisateur du très célèbre
« Cuirassé Potemkine » ?

587
☐ Hitchcock
☐ Kanevsky
☐ Eisenstein

588

Le hongrois et le finnois sont toutes deux
des langues indo-européennes.
☐ vrai
☐ faux

589 Quel événement a-t-on appelé le « D-Day » ?

590 Au début de la production de Coca-Cola,
y trouvait-on effectivement de la cocaïne ?

Jusqu'à combien de pingouins se compose une colonie ?
☐ quelques dizaines
591 ☐ quelques dizaines de milliers
☐ quelques millions

Combien de fois
le drapeau américain
a-t-il changé de forme
depuis sa première
confection en 1777 ?
☐ 6 fois
☐ 18 fois **592**
☐ 26 fois

594

Quel fut l'enterrement le plus coûteux jamais organisé ?
- [ ] celui de Kennedy
- [ ] celui de Lénine
- [ ] celui de Hiro-Hito

593

La pieuvre est-elle un poisson, un mollusque ou un crustacé ?

595 Quel est le titre français du film américain *Star Wars* ?

En quelle année est réalisé le premier western ?
- [ ] en 1903
- [ ] en 1913
- [ ] en 1921

596

597

Quel est le leader du groupe les Rolling Stones ?

La Sagrada Familia fut construite par Gaudi.
De quoi s'agit-il ?
- [ ] d'une église
- [ ] d'un monastère
- [ ] d'une villa

599

598

Qu'a inventé Galilée en 1610 ?
- [ ] le microscope
- [ ] le téléscope
- [ ] le premier avion

600

Quel animal était l'emblème de Napoléon ?
- [ ] le chat
- [ ] l'aigle
- [ ] le lion

Le mot «musée» vient du grec mouseîom qui signifie
- [ ] temple des Muses
- [ ] temple des musiciens
- [ ] temple des mystères

601

602 Quelle est la plus petite partie d'un corps simple susceptible d'entrer dans une combinaison chimique ?

603 Qui a écrit *l'Avare* et *le Malade imaginaire* ?
☐ Molière
☐ Racine
☐ Baudelaire

604 Est-ce le jaguar ou le léopard qui vit en Amérique du Sud ?

605 Qui est Lord Byron ?
☐ un poète romantique
☐ un peintre symboliste
☐ un aviateur

606 Qu'ont inventé les frères Lumière ?
☐ la lumière
☐ le cinéma
☐ le téléphone

607 Qui veut qu'on lui dessine un mouton ?

Où se trouvait Pearl Harbour ?
☐ à Hawaï
☐ à Tahiti
608 ☐ à Bora Bora

609 Quel âge a le Soleil ?
☐ 5 millions d'années
☐ 5 milliards d'années
☐ 15 milliards d'années

Dans quel pays d'Afrique se trouve le Kilimandjaro ?

611 Qui est le quatrième mousquetaire dans *les Trois Mousquetaires* ?

612

Quels sont les arbres les plus hauts du monde ?
- ☐ les chênes
- ☐ les baobabs
- ☐ les séquoias

72

Quelle est la nationalité du peintre Van Gogh ?

613

614

À la mémoire de qui, l'empereur Chah Djahan construit-il le Tadj Mahall ?
- ☐ son successeur
- ☐ son épouse
- ☐ son peuple

En combien de temps peut-on changer les quatre roues
d'une voiture de courses ?

615
- ☐ 3 minutes
- ☐ 50 secondes
- ☐ moins de 3 secondes

616

Que faisait Mercator ?
- ☐ il dessinait des cartes pour les marchands qui devaient voyager
- ☐ il observait les animaux
- ☐ il enseignait la religion juive

Dans quelle ville a lieu le plus important marathon ?
- ☐ Paris
- ☐ New York
- ☐ Rome

617

"À l'est d'Eden" , "Sur les quais",
"America, America" sont des films
d'un même cinéaste. De qui s'agit-il ?
- ☐ Elia Kazan
- ☐ Woody Allen
- ☐ Claude Lelouch

619

618

Chez les Celtes, qui était
le chef de famille ?
- ☐ le père
- ☐ la mère
- ☐ le grand-père

620

Comment s'appelle
le bossu dans le roman
de Victor Hugo
Notre-Dame de Paris ?

621

Lequel n'est pas un volcan ?
- ☐ le Vésuve
- ☐ le Santorin
- ☐ le Vercors

622

De quelle année date la Déclaration Universelle des Droits de l'Homme ?
- ☐ 1945
- ☐ 1948
- ☐ 1968

623

Quel est l'âge minimum requis pour travailler au sein de l'Union Européenne selon la législation du travail ?
- ☐ 12 ans
- ☐ 16 ans
- ☐ 18 ans

624

Quelle est la métropole des îles de la Réunion, des Comores, de la Martinique et de la Guadeloupe ?

625 Le Ça, le Moi, le Surmoi, la névrose, l'acte manqué,... À quelle science appartient ce vocabulaire ?

626 Quelles notions économiques permettent d'évaluer la richesse d'un pays ?

627

Qu'est-ce-que le caviar ?

628

Comment s'appelle la science qui étudie la composition et la naissance de la croûte terrestre ?
- ☐ la géologie
- ☐ l'archéologie
- ☐ la paléonthologie

629

Qui est l'auteur de la Bande Dessinée "Souviens-toi Jonathan..." ?
- ☐ Comes
- ☐ Cosey
- ☐ Hugo Pratt

630

Pâris est-il :
- ☐ un héros de la mythologie grecque
- ☐ un historien du 19e siècle
- ☐ un militaire français

631 En Chine, à qui était réservée l'ancienne "Cité Interdite" ?

632

À quel pays appartiennent
les régions suivantes :
la Castille, la Catalogne et la Galice ?

633

Calcutta, Delhi, Madras.
Dans quel pays se situent ces villes ?

634 Quel courant artistique, dont le chef de file est Christo,
consiste à entourer 11 îles de polypropylène rose
au large de Miami, à emballer le Pont-Neuf à Paris
ou le Reichstag à Berlin ?

635 Qui est le réalisateur
du film de science-fiction
"La Guerre des Étoiles" ?

Que déroba Prométhée pour
le transmettre aux hommes ?
636 ☐ le feu
☐ la pluie
☐ la sagesse

637 Comment appelle-t-on le secret de la transformation de métaux
en or grâce à la Pierre philosophale ?

638

Quelle est la composition chimique de l'eau ?
- ☐ O_2
- ☐ H_2O
- ☐ CO_2

Quelle loi explique qu'on a l'impression qu'un bâton se brise une fois qu'il est plongé dans un liquide ?

639
- ☐ la loi de la réflexion
- ☐ la loi de la réfraction
- ☐ la loi de la gravité universelle

640

Qu'est-ce que l'animisme ?

641

En l'an 2000, combien de pays font-ils partie de l'Union européenne ?

De quel pays Dakar est-il la capitale ?

642
- ☐ Sénégal
- ☐ Maroc
- ☐ Syrie

Combien de pattes possède un insecte ?
- ☐ 4
- ☐ 6
- ☐ 8

643

644 Ajax, nom de deux héros de la guerre de Troie est aussi le nom donné à une équipe de football. Laquelle ?

De quoi souffre une personne qui craint les lieux publics ? **645**

Le mot bobsleigh vient de l'anglais.
"Sleigh" signifie traîneau.
Que signifie "bob" ? **646** • • • • • • •

647

Le phonographe, le microtéléphone,
la lampe à incandescence.
Qui réalisa ces inventions ?
☐ Alexandre Fleming
☐ Thomas Édison
☐ Albert Einstein

648

À quel art sont consacrés les festivals de Cannes, de Berlin et de Venise ?

649 Quels sont les deux fleuves qui traversent l'Irak ?

Combien de temps Robinson Crusoé est-il resté sur son île ? **650**
☐ 12 ans
☐ 28 ans
☐ 44 ans

651 Quelle est la capitale de l'Argentine ?
☐ Montevideo
☐ Rio de Janeiro
☐ Buenos Aires

 652

Comment appelle-t-on cette fleur ?

Quand a eu lieu le premier
Tour de France ?
☐ en 1903   **653**
☐ en 1910
☐ en 1919

Son nom scientifique est hydrochère
mais on l'appelle aussi :   **654**
655
☐ le cochon d'Inde
☐ le cochon d'eau   Quand a été lancé le premier satellite ?
☐ le cochon d'Afrique   ☐ en 1924, par les États-Unis
☐ en 1939, par l'Allemagne
☐ en 1957, par l'URSS

En quelle année la télévision en couleurs
faisait-elle ses premiers pas ?
☐ en 1928
☐ en 1937   **656**   Comment appelle-t-on le célèbre organisme
☐ en 1949   de recherches spatiales et aéronautiques
des États-Unis ?
657

658

Quel roi babylonien est célèbre
pour ses jardins suspendus ?
☐ Le roi David
☐ Ramsès II
☐ Nabuchodonosor

 **659**

Le polo est un sport originaire :
☐ des pays anglo-saxons
☐ d'Extrême-Orient
☐ d'Amérique Latine

660 Qui a déchiffré les hiéroglyphes de la pierre de Rosette ?
- ☐ Champollion
- ☐ Einstein

661 Qui a été la première femme professeur nommée à la Sorbonne ?

662 Quel océanographe français est très connu pour ses films tournés en mer ?

Qui réalisa le vaccin contre la rage ?
- ☐ Thomas Édison
- ☐ Louis Pasteur
- ☐ Kipling

663

664

La Belgique est :
- ☐ un royaume
- ☐ une république

665 Que signifie ONU ?

Dans la mythologie grecque,
Pégase est :

666
- ☐ un loup
- ☐ un chien
- ☐ un cheval

En Angleterre, ils sont tous la propriété de quelle personnalité ?

667 • • • • • • • •

Comment appelle-t-on les guerres qui ont opposé les Romains aux Carthaginois ?

668
- ☐ les guerres de Troie
- ☐ les guerres puniques
- ☐ les guerres barbares

669 Où se trouve Bali ?
- ☐ en Indonésie
- ☐ en Polynésie
- ☐ aux Caraïbes

Quel est le nom actuel de Constantinople ? **670**
- ☐ Athènes
- ☐ Istanbul
- ☐ Moscou

671

À qui doit-on le nombre π ?
- ☐ Archimède
- ☐ Thalès
- ☐ Pythagore

673

Le xylophone provient d'Asie ?
- ☐ vrai
- ☐ faux

L'endroit le plus pluvieux au monde se trouve : **672**
- ☐ au Canada
- ☐ à Hawaii
- ☐ aux Açores

À bord de quel appareil est-on allé dans l'espace pour la première fois
- ☐ le Sputnik I
- ☐ le Vostok I **675**
- ☐ le N.A.S.A. I

674

676

Que signifie R.A.F. ?

Qui est ce célèbre personnage ? **677**

Qui est Zapata ?
678
☐ un révolutionnaire mexicain
☐ un président des États-Unis
☐ un styliste

679

Qui a proclamé la république populaire de Chine ?

Quelle est la capitale de l'Afghanistan ?
☐ Islamabad **680**
☐ Kaboul
☐ Khartoum

Qui a inventé la lampe à incandescence ?
681
☐ Thomas Édison
☐ Alfred Nobel
☐ Alessandro Volta

682
Qu'appelle-t-on « Picador » ?
☐ un célèbre voleur de la littérature espagnole
☐ un athlète pratiquant le saut à la perche
☐ un torero à cheval

Qu'est-ce qui sépare l'Espagne du continent africain ?
☐ le détroit de Gibraltar **684**
☐ la Méditerranée **683**
☐ le détroit du Bosphore
Qui, du hibou ou de la chouette, a des aigrettes ?

685
Quel est l'ancêtre du piano ?

686 Comment appelle-t-on ce singe ?

687 Qui sût répondre à l'énigme du Sphinx ?
☐ Œdipe
☐ Ramsès II
☐ Achille

688 Comment appelait-on la politique raciste de ségrégation en Afrique du Sud ?

689 Que s'est-il passé en Russie en octobre 1917 ?

690 Qui appelait-on « le Négus » ?
☐ un célèbre pirate français
☐ l'empereur d'Éthiopie
☐ le chef de l'armée grecque

691 Qui était Eisenstein ?
☐ un célèbre cinéaste russe
☐ un célèbre scientifique américain
☐ un célèbre économiste anglais

82

692 Quelle est la plus célèbre œuvre de Rembrandt ?

693 À quelle civilisation mexicaine appartient cette statue ?

Les peintures murales de la Chapelle Sixtine à Rome sont l'œuvre de :
- ☐ Rubens
- ☐ Léonard de Vinci   **694**
- ☐ Michel-Ange

695 Où se trouve le Pont des Soupirs ?
- ☐ à Rome
- ☐ à Venise
- ☐ à Paris

Est-il vrai que les lynx ont une vue exceptionnelle ?

•••••••••••••• **696**

Où se situe la ville de Fez ?
- ☐ en Turquie
- ☐ au Maroc   **697**
- ☐ en Tunisie

698

Comment s'appelle l'étude du caractère d'une personne d'après son écriture ?
- ☐ la calligraphie
- ☐ l'astrologie
- ☐ la graphologie   **699** Comment appelle-t-on la difformité de quelqu'un qui louche ?
  - ☐ la myopie
  - ☐ l'astigmatisme
  - ☐ le strabisme

700

On trouve des marabouts en Afrique et en Inde.
- ☐ vrai
- ☐ faux

Comment s'appelait la pipe que fumaient les Indiens d'Amérique ?

701 ••••••••••••

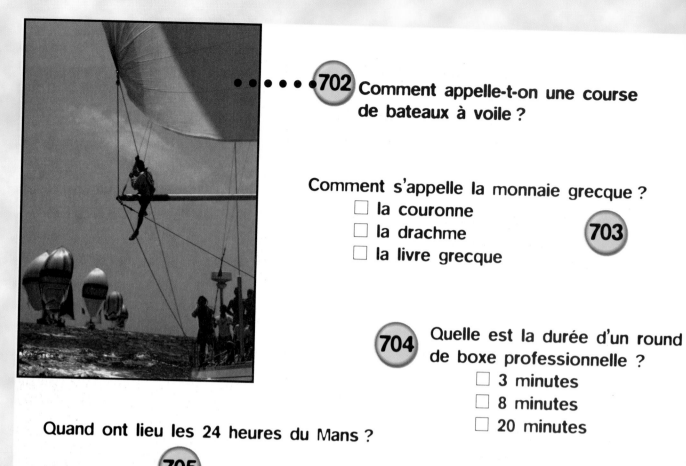

702 Comment appelle-t-on une course de bateaux à voile ?

Comment s'appelle la monnaie grecque ?
☐ la couronne
☐ la drachme
☐ la livre grecque

703

704 Quelle est la durée d'un round de boxe professionnelle ?
☐ 3 minutes
☐ 8 minutes
☐ 20 minutes

Quand ont lieu les 24 heures du Mans ?

705

À proximité de quelle grande île trouve-t-on l'île de la Réunion ?
☐ Cuba
☐ Madagascar
☐ Australie

706

707

Dans quel film Charlie Chaplin ne s'en sort plus avec le travail à la chaîne ?

Qu'est-ce qui marquait la frontière nord (en Angleterre) de l'empire romain ?

708

709

Le phoque a-t-il des oreilles pourvues de pavillons ?

710 La Tour Eiffel date de l'Exposition Universelle :
☐ de 1889
☐ de 1899
☐ de 1909

711

Quelle est la langue qui était pratiquée par de nombreux Juifs d'Europe avant la guerre ?

712

Qui a créé le personnage de Corto Maltès ?

Que produit l'hévéa ?
713
☐ un bois précieux
☐ des fleurs très parfumées
☐ du caoutchouc

De quel pays Ernesto Che Guevara était-il originaire ?
☐ Cuba
714
☐ Bolivie
☐ Argentine

715 Qui a écrit Le Capital ?

Quel célèbre Kurde était roi de Jérusalem ?
☐ Saladin
716
☐ Oçalan
☐ Nabuchodonosor

Dans quelle ville se trouve la place Tien-An-Men ?
☐ à Ho Chi Minh
☐ à Pékin
717
☐ à Séoul

718

Quel est le nom de cet avion ?

719 Comment s'appelle le club de football de Rotterdam ?

720 Quelle substance récoltée par les abeilles est à la base du miel ?

Quelle était l'image communément utilisée pour désigner la frontière ouest/est en Europe ? **721**

722 Quel roi aurait dit : "Paris vaut bien une messe" ?

723 Pour quel roi Léonard de Vinci travaillait-il ?

Qui a peint ce tableau ? **724**
- ☐ Michel-Ange
- ☐ Botticelli
- ☐ Léonard de Vinci

Contre quelle grande puissance les Mau-Mau (Kenya) se sont-ils révoltés dans les années 50 ? **725**
- ☐ la France
- ☐ la Grande-Bretagne
- ☐ les États-Unis

Quel est ce peuple qui se nourrit principalement de sang et de lait ?

726

727 Quelle est la langue parlée au nord de la Belgique ?

Quel est le lac le plus profond du globe ?
- ☐ le lac Baïkal
- ☐ le lac Balaton
- ☐ le lac Poyang

728

Depuis quand le 1er mai est-il devenu une fête légale en France ?
- ☐ 1889
- ☐ 1905
- ☐ 1947

729

Où se trouve le lac Baïkal ?
- ☐ en Chine
- ☐ en Ouzbékistan
- ☐ en Sibérie

730

731

Que signifie les initiales O.P.E.P. ?

732

L'œil de tigre est :
- ☐ le nom d'une monnaie
- ☐ une sorte de quartz
- ☐ un insecte rare

734

733

Une voix de mezzo-soprano est une voix de femme plus grave que le soprano :
- ☐ vrai
- ☐ faux

Où vivent les Hutus ?
- ☐ au Ruanda et au Burundi
- ☐ en Ethiopie et en Somalie
- ☐ en Côte d'Ivoire et au Bénin

À quel instrument peut-on comparer le balafon ? **735**
- ☐ à la lyre
- ☐ au xylophone
- ☐ à la cornemuse

736

Comment appelle-t-on ces étendues d'eau typiques de la Norvège ?

737

Quelle est la capitale du Bhoutan ?
- ☐ Punakha
- ☐ Bangkok
- ☐ Katmandou

Où se déroule le festival du film fantastique et de science fiction ?

738
- ☐ à Avoriaz
- ☐ à Angoulême
- ☐ à Cannes

Où décerne-t-on le Lion d'or ?
- ☐ à Venise
- ☐ à Berlin
- ☐ à Montréal

739

Le jeu de go est d'origine :

740
- ☐ chinoise
- ☐ mexicaine
- ☐ thaïlandaise

741

Quel est l'ancêtre du bridge ?

En quelle année l'esclavage a-t-il été aboli aux États-Unis ?
- ☐ en 1807
- ☐ en 1836
- ☐ en 1863

742

L'addax est :

743
- ☐ une équipe de football
- ☐ une antilope du Sahara
- ☐ une région d'Asie centrale

L'atèle est l'autre nom pour :

744
- ☐ le singe-voleur
- ☐ le singe-papillon
- ☐ le singe-araignée

745

Quel est le nom de cette ancienne prison située au large de San Fransisco ?

746

Quelle célèbre sculpture se trouve sur l'Arc de triomphe de Paris ?

747

Bouquin et bouquet peuvent être synonyme.
- ☐ vrai
- ☐ faux

Quel est le nom du célèbre révolutionnaire ukrainien ?

748
- ☐ Léon Trotsky
- ☐ Nestor Makhno
- ☐ Buenaventura Durruti

749

Le plus gros rongeur (le cabiai) peut atteindre :
- ☐ 60 centimètres de long
- ☐ 80 centimètres de long
- ☐ 1 mètre de long

750

Quel est l'ancêtre du hautbois ?

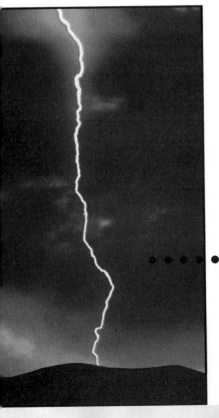

Au judo, comment désigne-t-on les différents niveaux de la ceinture noire ?

751

Comment appelle-t-on le pèlerinage des musulmans à la Mecque ?

752

753

Qui a inventé le paratonnerre ?
- ☐ Docteur Land
- ☐ Von Zeppelin
- ☐ Benjamin Franklin

754
Que signifie le sigle E.A.O ?

755 Comment s'appelaient les
compagnons de Jason ?

Quelle est cette affection de la famille de
la varicelle qui suit le trajet d'un nerf ?
☐ le psoriasis
☐ le zona   **757**
☐ la gale

756
Qu'est-ce qui a remplacé
le pentathlon en 1980 ?

90

L'unité de numération binaire est :
758 ☐ le bit
☐ le byte
☐ la ram

L'autre nom des colibris est :
☐ oiseau-mouche
☐ oiseau-nageur **759**
☐ oiseau-plume

Quel roi légendaire tomba amoureux
de sa statue ?
☐ Agamemnon   **760**
☐ Ménélas
☐ Pygmalion

761

Dans quel pays peut-on assister à un immense
festival de sculptures en glace ?

Comment appelait-on aussi la dronte ?

762

De quel pays Bakou est-elle la capitale ? **763**

Un huîtrier est : **764**
- ☐ un vendeur d'huître
- ☐ un oiseau se nourrissant de coquillages
- ☐ un vivier à huîtres

Quel est ce célèbre monument ? **765**

Quand la République populaire de Chine a-t-elle été proclamée ?

766
- ☐ en 1949
- ☐ en 1957
- ☐ en 1962

767

Qui se proclama empereur centrafricain ?
- ☐ Amin Dada
- ☐ Bokassa
- ☐ Mobutu

Triton est un satellite de :
- ☐ Saturne
- ☐ Neptune **768**
- ☐ Mars

769

Qui a écrit *Le Vieil homme et la mer* ?
- ☐ Ernest Hemingway
- ☐ Jack London
- ☐ James Joyce

Quelle est la troisième discipline du ski alpin, après la descente et le slalom spécial ?

770

771

Par quoi se traduit l'inflation dans la vie de tous les jours
- ☐ par une baisse des prix
- ☐ par une hausse des prix
- ☐ par une hausse des salaires

772 Comment se nomment les guerres qui ont opposé les Grecs et l'Empire perse ?
- ☐ puniques
- ☐ médiques
- ☐ thessaloniques

Qui est la sœur d'Oreste avec qui il tua sa mère ?

773
- ☐ Électre
- ☐ Iphigénie
- ☐ Hélène

774

Que signifie le sigle P.A.O. ?

775 Quelle est la capitale du Paraguay ?

Combien de temps a duré la prohibition aux États-Unis ?
- ☐ 4 ans
- ☐ 14 ans   **776**
- ☐ 24 ans

Quand le trombone aurait-il été breveté par le Norvégien Johan Vaaler ?

777
- ☐ en 1859
- ☐ en 1899
- ☐ en 1919

À qui devait-on l'expression de *Rideau de fer* ?
- ☐ Charles de Gaulle
- ☐ Winston Churchill   **778**
- ☐ Franklin Roosevelt

Comment appelle-t-on les joueurs de l'équipe nationale belge ? **779**

Avec quel chef d'État la Haute-Volta est devenue le Burkina Faso ?

780
☐ Sankara
☐ Mandela
☐ Bokassa

781 Comment a-t-on appelé la résistance palestinienne aux massacres organisés par les Jordaniens ?

782

Qui étaient les fascistes italiens ?
☐ les chemises noires
☐ les chemises brunes
☐ les chemises vertes

783

Que signifie les initiales O.L.P. ?

784 Quel est le nom de la célèbre école d'art dramatique fondée à New York en 1947 ?

Quand a été fondée la Sorbonne ?
☐ au 13ème siècle
☐ au 16ème siècle **785**
☐ au 18ème siècle

786

Dans quelle civilisation le condor était-il très représenté ?

787

Quel est le nom
de cet animal préhistorique ?
- ☐ tricératops
- ☐ stégosaure
- ☐ brontosaure

788

Qu'est-ce la sériciculture ?
- ☐ la culture de vers à soie
- ☐ la culture de moules
- ☐ la culture de caoutchouc

789

Un batik est :
- ☐ une soie peinte
- ☐ un plat traditionnel javanais
- ☐ une sorte d'insectes exotiques

790

Quel est le nom russe pour la IIIème Internationale ?
- ☐ le Kuomitang
- ☐ le Komintern

792 Titan est un satellite de :
- ☐ Saturne
- ☐ Neptune
- ☐ Jupiter

791

Quels sont les anciens noms d'Istanbul ?

Quel est le nom de ces animaux appartenant
à la même famille que les pingouins ?

793

794

Quel prix Nobel de la Paix était
à la tête de Solidarnosc ?
- ☐ Vaclav Havel
- ☐ Nelson Mandela
- ☐ Lech Walesa

Quel est le nom utilisé pour désigner un clocher isolé du corps de l'église, ici celui de Pise ?

Le Front Polisario est :
☐ le front de libération du peuple kurde
☐ le front de libération du peuple tibétains
☐ le front de libération du peuple sahraoui

Que signifie les initiales O.U.A ?

Où siège l'O.U.A. ?
☐ à Tripoli
☐ à Khartoum
☐ à Addis-Abeba

799
Quel philosophe fut condamné à prendre de la ciguë ?

Quel était le mouvement de réformes tentées par Gorbatchev ?

☐ la Nomenklatura
☐ la Perestroïka
☐ la Pravda

801
Quel nom se donnent les Esquimaux ?

• • • • • •
La Corée se situe entre la mer jaune et la mer :
☐ de Chine
☐ du Japon
☐ de Mandchourie

803

Dans quel continent trouve-t-on des « femmes girafes » ?

Où se trouve le lac Tanganyika ?
☐ en Afrique de l'Ouest
☐ en Afrique centrale
☐ en Afrique du Nord

804

Qu'est-ce que le bouzouki ?
☐ un alcool grec
☐ un animal disparu
☐ un instrument de musique

805

806

Au bowling, à quoi correspondent 10 quilles renversées en 2 coups ?

Qui s'appelait en vérité Lev Bronstein ?
☐ Trotsky
☐ Léon Blum
☐ Marx

807

Quel événement mit fin à la guerre d'Algérie ?
☐ le traité de Verdun
☐ les accords d'Évian
☐ le traité de Vichy

808

809

Quel pays est envahi par l'Irak en 1991 ?

810

Quelle fonction est accessible aux seuls citoyens nés Américains ?

811 • • • • • • • • • • • • • • • •

Au golf, comment appelle-t-on le nombre minimum de coups nécessaires pour réussir un trou ou effectuer l'ensemble du parcours, égal à celui qui est établi par un excellent joueur ?

812 • • • • • • • • • • • • • • • • • •

De qui est cette statue ?
- ☐ Picasso
- ☐ Miro
- ☐ Dali

813

Gandhi était le père d'Indira Gandhi :
- ☐ vrai
- ☐ faux

Quel pays d'Asie du Sud-est était une colonie portugaise jusqu'en 1975 ?

814

815

Le Groenland est un territoire :
- ☐ canadien
- ☐ russe
- ☐ danois

816

Qu'appelle-t-on en grec *cheval des fleuves* ?
- ☐ hippocampe
- ☐ hippopotame
- ☐ hippophaé

817

Quelle région situait-on entre le Tigre et l'Euphrate ?

818 Quel est l'acteur principal de *L'Éternel retour* ?
- ☐ Jean Gabin
- ☐ Jean Marais
- ☐ Gérard Philippe

• • • • • • • • • • • **819**

Quel est le nom de ce monstre aux cheveux de serpents ?

Quel est le pays européen qui a le plus investi dans l'énergie éolienne ?

• • • • • • • • • • • • • • • • 820

En quelle année Elvis Presley est-il mort? 821

822 Quel chanteur était surnommé Monsieur 100.000 volts ?

823 Peux-tu citer un réalisateur de « la nouvelle vague » en France ?

824 Que signifie UNESCO ?

825 Quelle est la seule planète à tourner sur elle-même dans le sens rétrograde ?

826 Dans quelle région de Chine trouve-t-on un peuple musulman ?

827 Comment appelle-t-on les bulles dans les bandes dessinées ?

Quel est ce célèbre parc de Californie créé en 1890 dans la Sierra Nevada ? 828

829

Comment s'appelle l'ensemble des copies conformes de cellules dérivant d'une cellule unique ?

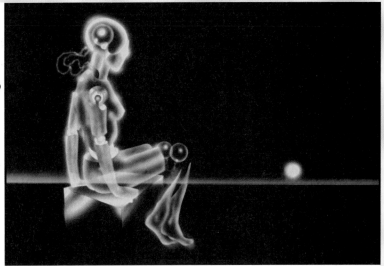

830

Quelle est la planète de notre système solaire qui connaît l'année la plus longue ?
- ☐ Mercure
- ☐ Mars
- ☐ Pluton

831

Qui était Keynes ?
- ☐ un politicien
- ☐ un économiste
- ☐ un physicien

832

Quel empereur romain tomba amoureux de Cléopâtre ?

Quelle est la première discipline du pentathlon ?
- ☐ le saut
- ☐ la course
- ☐ le disque

833

834 Quel âge aurait Lucy ?
- ☐ 1 million d'années
- ☐ 2,5 millions d'années
- ☐ 3,5 millions d'années

835 À l'origine, à partir de quel organe animal étaient fabriqués les ballons de baudruche ?

De quelle guerre parle-t-on dans "Autant en emporte le vent" ?
- ☐ la guerre de Sécession
- ☐ la guerre d'Indépendance
- ☐ la 1ère guerre mondiale

836

 837

Selon la légende, dans quelle ville serait né le jazz ?

Quand eu lieu le massacre de la Saint-Barthélémy ?
- ☐ en 1472
- ☐ en 1572
- ☐ en 1672

838

Qui a fondé l'Armée Rouge ?

839
- ☐ Staline
- ☐ Trotsky
- ☐ Marx

840 Qu'est ce qui a pratiquement détruit la ville de Lisbonne en 1755 ?
- ☐ un incendie
- ☐ un tremblement de terre
- ☐ une guerre civile

841

Le pape Jean-Paul Ier a régné :
- ☐ 3 semaines
- ☐ 3 mois
- ☐ 3 ans

842

Comment s'appelle le centre londonien des affaires et des banques ?

Pour la France que symbolise le « Coq gaulois » ?

843

844

La guerre des Malouines concernait :
- ☐ l'Argentine et la Grande-Bretagne
- ☐ le Chili et la Grande-Bretagne
- ☐ le Mexique et les États-Unis

Le stress est-il une maladie ? •845

Quel chef d'Etat russe a montré son désaccord à l'ONU en frappant avec sa chaussure sur la table ?
- ☐ Brejnev
- ☐ Krouchtchev 846
- ☐ Eltsine

847

Dans quel pays a eu lieu la Coupe du monde de football de 1998 ?

848 Qu'était-il interdit de faire selon les manifestants de mai 68 ?

Où se trouve la mosquée de Al-Aqsa ?
- ☐ Jérusalem
- ☐ La Mecque 849
- ☐ Bagdad

850

Le bare-foot est une épreuve de ski nautique qui se pratique sans ski :
- ☐ vrai
- ☐ faux ?

Quel président des États-Unis connut la crise des fusées à Cuba en 1962 ?
- ☐ Nixon
851 - ☐ Kennedy
- ☐ Carter

852 • • • • • •

Quel est ce chorégraphe et metteur en scène français, créateur du *Sacre du printemps* ?

853 • • • • • •

Qui est-ce ?

854

Lors de quel célèbre procès les criminels de guerre nazis furent-ils jugés ?

Quel réalisateur a signé *Les 7 Samouraïs* ?

856

855 Qui a gagné l'Eurovision en 1974 ?

857

Quel numéro de téléphone demandait toujours Fernand Reynaud ?

Comment appelle-t-on les films italiens tournés sous Mussolini ?
☐ les Téléphones noirs **858**
☐ les Téléphones rouges
☐ les Téléphones blancs

859 Où peut-on trouver ce paysage ?

Quel célèbre constructeur automobile instaura le premier le travail à la chaîne ?
860 ☐ Ford
☐ Audi
☐ Citroën

La couverture forestière du globe diminue constamment. Quel sera le pourcentage de cette réduction en 2010 par rapport à 1990 ?

- ☐ 20 %
- ☐ 30 %
- ☐ 40 %

861 ● ● ● ● ● ● ● ● ● ● ● ● ● ●

Silver Fern est le nom de l'équipe de rugby de :

862
- ☐ Afrique du Sud
- ☐ Jamaïque
- ☐ Nouvelle-Zélande

Quel est l'auteur de *Dr Jeckyll et Mr Hyde* ?

- ☐ Stevenson
- ☐ Defoe
- ☐ Doyle

863

864

Qu'ajoute-t-on à l'argent pour qu'il soit vermeil ?

Qu'est-ce qui ravagea la ville de Londres en 1666 ?

865
- ☐ une épidémie de peste
- ☐ un incendie
- ☐ un tremblement de terre

Où se trouve Papeete ?

866
- ☐ Haïti
- ☐ Tahiti
- ☐ Hawaii

867 Dans quel pays eut lieu une guerre civile de 1936 à 1939 qui annonçait la Seconde Guerre mondiale ?

868 ● ● ● ● ● ●

Quelle est la vitesse maximale que peut atteindre le T.G.V. (Train à Grande Vitesse)
- ☐ 200 km/h
- ☐ 300 km/h
- ☐ 400 km/h

869

870
Quelle est encore aujourd'hui
la chanteuse égyptienne la plus populaire
dans le monde arabe ?

871

Quel chef de gouvernement guatémaltèque a été renversé par la C.I.A.
parce qu'il avait tenté une réforme agraire ?
- ☐ Allende
- ☐ Arbenz
- ☐ Castro

872
Quelle course part de Saint-Malo
pour arriver en Guadeloupe ?

873
D'après l'Exode, suite à quels événements,
le Pharaon autorisa les Hébreux
à quitter l'Égypte ?

Combien de mots peuvent enregistrer
certains perroquets ?
- ☐ 100
- ☐ 500
- ☐ 1000

874

Dans la mythologie romaine, quelles étaient
les trois divinités présidant à la destinée ?
- ☐ les Muses
- ☐ les Parques
- ☐ les Pénates

875

876

Pendant une corrida, il arrive que le gouverneur d'Espagne lève un mouchoir vert.
Quelle en est la signification ?
- ☐ il faut remplacer l'animal souffrant
- ☐ il faut interrompre le spectacle
- ☐ il faut accorder un tour d'honneur à la dépouille de l'animal

877 Quel assassinat provoqua le jeu des alliances et du même coup la Première Guerre mondiale ?

878

En 1973, contre quel pays était dirigé la guerre du Kippour ?
- ☐ l'Egypte
- ☐ la Syrie
- ☐ Israël

879

Quel Français entreprit la guerre du Mexique de 1862 ?
- ☐ Napoléon Bonapatre
- ☐ Napoléon III
- ☐ Louis-Philippe

880

Qui aurait dit « La propriété, c'est le vol » ?
- ☐ Marx
- ☐ Proudhon
- ☐ Bakounine

881 Lors de la conférence de Potsdam en 1945, les Américains avaient-ils déjà la bombe atomique ?

882 À quel pays appartient l'île de Pâques ?
- ☐ Canada
- ☐ Chili
- ☐ Japon

883 Qui conduisit la répression atroce contre la Commune de Paris ?

884 Quels métaux radioactifs les Curie ont-ils découverts ?

885 Que signifient les initiales O.G.M. ?

886 Sur combien de pays s'étendrait le « Kurdistan » ?
- ☐ 2
- ☐ 3
- ☐ 4

Où Napoléon est-il mort ?

887
- ☐ à Paris
- ☐ à l'île d'Elbe
- ☐ à Sainte-Hélène

888 À part Saturne, quelles sont les deux autres planètes du système solaire à avoir des anneaux ?

Comment appelle-t-on un beignet de morue ? **889**

890 Qui éduqua Télémaque et donna son nom au français pour désigner « un guide avisé » ?

891 De quel pays les îles Galápagos font-elles partie ?

892 De quelle ville italienne était originaire le vrai Casanova ?

893 Quel roi l'évêque Saint-Rémy a-t-il baptisé à Reims ?

894 Comment appelle-t-on la science qui étudie les tissus vivants ?
- ☐ l'histologie
- ☐ la microbiologie
- ☐ la physiologie

Comment s'appelle cette fameuse sculpture de Rodin ? • • • • • • • • • • • • • • • • **895**

Dans quel pays d'Amérique centrale, la C.I.A. a soutenu la répression à travers les contras ?
☐ Panama
☐ Nicaragua   **896**
☐ Honduras

À quelle guerre atroce Picasso faisait-il référence dans *Guernica* ?   **897**

898 Comment s'appelle la partie irlandaise appartenant au Royaume-Uni ?

Comment appelle-t-on la substance que **899** les Hindoues appliquent sur leur front ?

900
Quel est le nom des Éthiopiens juifs ?

901 Quel était l'endroit le plus mal famé de Paris au XVIIème siècle ?

Quelles sortes de médicaments suppriment la douleur ?
☐ les analeptiques
☐ les analgésiques   **902** • • • • •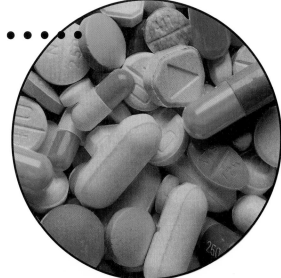
☐ les amphétamines

903 Quels sont les Chinois musulmans proches des peuples d'Asie centrale ?

 904

Combien de battements par seconde
exécute en moyenne un papillon ?
- ☐ 2
- ☐ 8
- ☐ 16

 905

Quelle était la capitale de la Côte-d'Ivoire
jusqu'en 1983 ?
- ☐ Abidjan
- ☐ Yamoussoukro
- ☐ Ouagadougou

906 Située à 2.400 km de sa plus proche voisine,
quelle est l'île la plus isolée du monde ?

907

En 1858, qui choisit Ottawa
comme capitale du Canada ?

908 D'où proviendrait le nom de la livre anglaise ?
- ☐ du mot « libre-échange »
- ☐ du mot latin « balance »
- ☐ du mot « liberté »

909

Comment appelle-t-on
une météorite avant sa chute
sur la surface de la terre ?

Qui a crée le personnage animé
de Betty Boop ? **910**

911

Quelle est l'importance des forêts sur la Terre ?
- ☐ 5 %
- ☐ 30 %
- ☐ 60 %

Comment appelle-t-on l'ensemble des anciennes colonies britanniques ayant repris leur indépendance mais demeurant unies à la Couronne britannique ? **912**

913

Quel genre de roman John Le Carré a-t-il écrit ?
- ☐ d'amour
- ☐ d'espionnage
- ☐ d'aventure

914
De quand date le film *Autant en emporte le vent* ?
- ☐ 1922
- ☐ 1939
- ☐ 1946

915 Quel film contribua énormément au succès de James Dean ?

916

De quelle guerre parle *Apocalypse Now* de Francis Ford Coppola ?

917 Qui a créé le personnage de « Popeye le marin » ?

Le plat « chop-suey » est d'origine :
- ☐ chinoise
- ☐ américaine
- ☐ australienne
918

919

Quelle est la proportion de désert sur la Terre ?
- ☐ 5 %
- ☐ 18 %
- ☐ 36 %

Dans quel État des États-Unis ont été sculptés dans la roche ces visages de présidents ?

920
- ☐ Utah
- ☐ Nevada
- ☐ South Dakota

921

Lindbergh fut-il le premier à traverser l'Atlantique en avion sans faire escale ?

110

922

Combien pèse un diamant de 1 carat ?
- ☐ 0,2 grammes
- ☐ 0,4 grammes
- ☐ 0,7 grammes

Qui a écrit « le Meilleur des Mondes » ?
- ☐ Aldous Huxley
- ☐ Georges Orwell
- ☐ Stephen King

923

924 • • • • • • • • • •

La Grande Muraille de Chine, longue de 5.000 km, sépare la Chine de quel autre pays ?
- ☐ le Tibet
- ☐ la Mongolie
- ☐ le Vietnam

925 Quand fut arrêtée la production de la Coccinelle en Allemagne ?
- ☐ en 1978
- ☐ en 1982
- ☐ en 1984

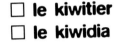

Quelle célèbre danseuse hollandaise
fut fusillée pour espionnage
au profit de l'Allemagne en 1917 ?

Comment s'appelle l'arbuste
d'où provient le kiwi ?

- ☐ l'actinidia
- ☐ le kiwitier
- ☐ le kiwidia

928 Quel pays européen connut, au début des années 20,
une inflation de 60% par heure ?

Sous quel nom d'artiste est connu
Robert Zimmerman ?
- ☐ Donovan
- ☐ Bob Dylan
- ☐ Jim Morrison

930

929

Qui est le réalisateur de *Spartacus*
et de *Orange Mécanique* ?

931 En quelle année fut tourné le classique « Atlantide » de Feyder ?

Comment s'appelle le patron des *Drôles de Dames* ? **932**

933 Quel était le grand festival hippie dont
on a fait un film du même nom ?

934 Quel style de musique a notamment
lancé le film *La fièvre du samedi soir* ?

935

Quel était le nom du groupe
de Bob Marley ?

936 Quel est le sigle de l'Organisation séparatiste basque?

937

Que transplante la xénogreffe?
- ☐ des organes humains
- ☐ des organes d'animaux
- ☐ des organes de végétaux

939 Quel est le plus grand pays musulman du monde ?

938

Les Berbères sont-ils arabes ?

940 Combien de chromosomes 21 sont présents chez un Trisomique 21 montrant un retard mental ?

Où est basée la station aérospatiale d'Ariane ?

941
- ☐ en Guyane française
- ☐ en Nouvelle Calédonie
- ☐ dans les Comores

De combien de chromosomes dispose l'être humain ?

942
- ☐ 36
- ☐ 46
- ☐ 56

943

Combien de spermatozoïdes produit un homme par jour?
- ☐ 1 million
- ☐ 100 millions
- ☐ 300 millions

944

Quel triste record enregistrent les villes de Mexico, Athènes et Le Caire ?
- ☐ le taux de criminalité
- ☐ le taux de pollution
- ☐ le taux de pauvreté

945

Qui surnommait-on "La Divine" ?
- ☐ Marilyn Monroe
- ☐ Greta Garbo
- ☐ Marlène Dietrich

946

À quelle science n'est pas décerné le prix Nobel ?

947 • • • • • • • • •

Quel est le cri du poussin ?

948

Quelle était la particularité du coureur de fond finlandais Paovo Nurmi qui a battu plusieurs records mondiaux aux Jeux Olympiques de Paris en 1924 ?
- ☐ il boitait
- ☐ il réalisait toujours un poirier avant de courir
- ☐ il était toujours vêtu d'un string

Combien d'images par seconde défilent dans un dessin animé ?
- ☐ 12
- ☐ 24
- ☐ 48

949

950

Qui créa l'Académie française ?
- ☐ Voltaire
- ☐ Diderot
- ☐ Richelieu

Qu'ont Chypre et l'Irlande en commun ?

951
- ☐ ils interdisent les relations homosexuelles entre les hommes
- ☐ ils sont le théâtre de conflits entre Catholiques et Protestants
- ☐ il y a deux pouvoirs officiels

952 Que signifient les initiales de la célèbre librairie FNAC ?

Quel acteur quadrupède touchait 50.000 dollars par an et 4.000 dollars pour chaque spot publicitaire ?

953

Combien de galaxies environ sont connues dans l'Univers ?

954 • • • • •
- ☐ 50 millions
- ☐ 5 milliards
- ☐ 50 milliards

Pour qui la Glasnost (transparence) et la Perestroïka (restructuration) furent les maîtres mots ?

955
- ☐ Vaklav Havel
- ☐ Lech Valesa
- ☐ Mikhaïl Gorbatchev

Qui a écrit le Manifeste du Parti Communiste ?

956
- ☐ Karl Marx
- ☐ Lénine
- ☐ Mao

Quelle est l'organisation internationale qui lutte contre le crime international, le trafic de drogue, la fraude et la circulation de fausse monnaie ?

957

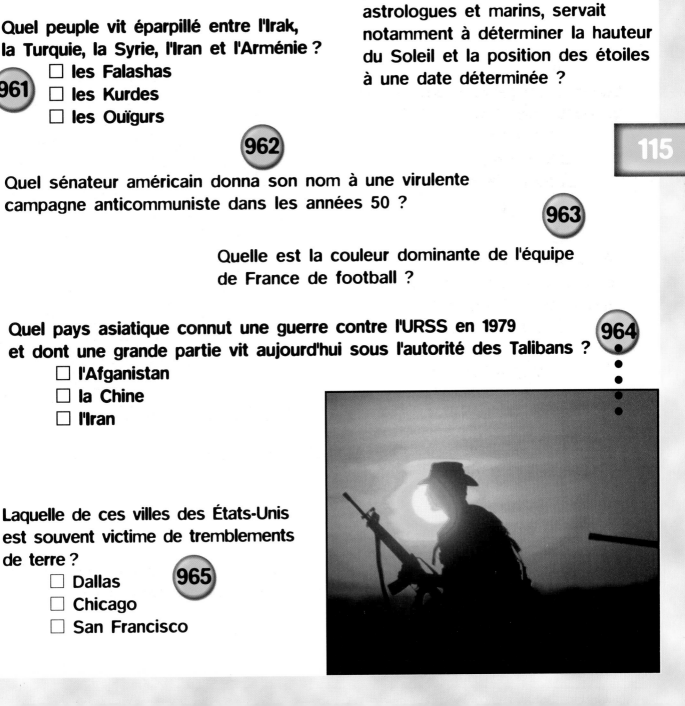

958

À quelle vitesse court une autruche ?
- ☐ 10 km/h
- ☐ 25 km/h
- ☐ 40 km/h

Qui reçut le prix Nobel pour avoir donné un nom à la radioactivité ?
- ☐ le couple Pierre et Marie Curie

959
- ☐ Mendeliev
- ☐ Newton

960

Quel instrument utilisé par les Arabes, les Espagnols astrologues et marins, servait notamment à déterminer la hauteur du Soleil et la position des étoiles à une date déterminée ?

Quel peuple vit éparpillé entre l'Irak, la Turquie, la Syrie, l'Iran et l'Arménie ?
- ☐ les Falashas

961
- ☐ les Kurdes
- ☐ les Ouïgurs

962

Quel sénateur américain donna son nom à une virulente campagne anticommuniste dans les années 50 ?

963

Quelle est la couleur dominante de l'équipe de France de football ?

Quel pays asiatique connut une guerre contre l'URSS en 1979 et dont une grande partie vit aujourd'hui sous l'autorité des Talibans ?

964
- ☐ l'Afganistan
- ☐ la Chine
- ☐ l'Iran

Laquelle de ces villes des États-Unis est souvent victime de tremblements de terre ?
- ☐ Dallas

965
- ☐ Chicago
- ☐ San Francisco

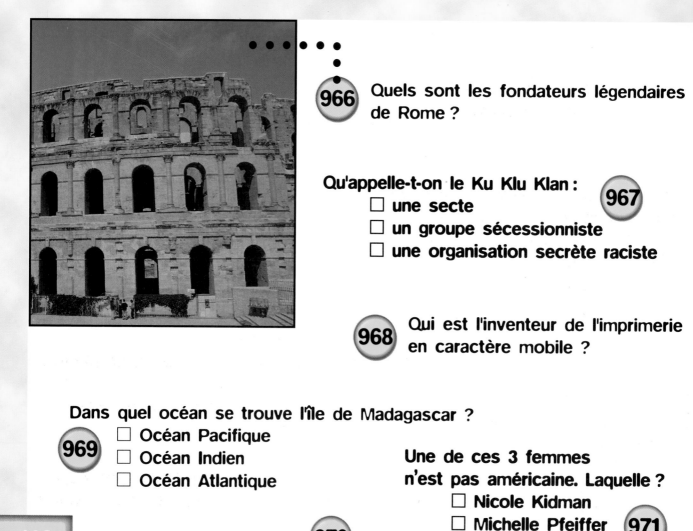

966 Quels sont les fondateurs légendaires de Rome ?

Qu'appelle-t-on le Ku Klu Klan :
☐ une secte **967**
☐ un groupe sécessionniste
☐ une organisation secrète raciste

968 Qui est l'inventeur de l'imprimerie en caractère mobile ?

Dans quel océan se trouve l'île de Madagascar ?
969
☐ Océan Pacifique
☐ Océan Indien
☐ Océan Atlantique

Une de ces 3 femmes n'est pas américaine. Laquelle ?
☐ Nicole Kidman
☐ Michelle Pfeiffer **971**
☐ Isabelle Hupert

Quelle théorie a fondé **970** le savant Albert Ernstein ?

Quel président égyptien signa en 1979 les Accords de Camps David avec Israël, reçut le Prix Nobel de la Paix et fut assassiné en 1981 ?
☐ Nasser
☐ Anouar el-Sadate **972**
☐ Hosni Moubarak

973

Que signifient les racines grecques "philos" et "sophia" du mot philosophie ?

974 Dans quel drame de Shakespeare, le héros vaincu au combat s'écrie " Mon royaume pour un cheval" ?

Comment s'appelle ce monument situé à Bruxelles ?

975 • • • • • • •

Quelle ressource naturelle manque cruellement au Proche-Orient ?

976
- ☐ le pétrole
- ☐ le cuivre
- ☐ l'eau

Quetzalcóatl est le nom du dieu aztèque. **977**
Est-il représenté sous la forme :
- ☐ d'un serpent au corps recouvert de plumes
- ☐ d'un aigle à un seul œil
- ☐ d'un jeune garçon au corps de poisson

978

Les Pyrénées sont une chaîne de montagnes qui s'étendent sur :
- ☐ 110 km
- ☐ 220 km
- ☐ 430 km

Dans la mythologie grecque, quelle forme prit Zeus pour aller rejoindre Danaé, enfermée dans une tour ?
- ☐ d'une pluie d'or
- ☐ d'un aigle **979**
- ☐ d'une vieille dame

980

Qui a écrit la musique du film
Il était une fois dans l'ouest **?**

Le célèbre paquebot Titanic coula :
- ☐ en 1906
- ☐ en 1912 **981**
- ☐ en 1933

Dans quelle ville John Fitzgerald Kennedy fut-il assassiné ?

982
- ☐ Dallas
- ☐ New York
- ☐ Chicago

• • • • • • • • • • • • • • • • • • **983**

Que signifie l'expression :
"avoir le diable au corps" ?

984 Qu'avaient de particulier les actrices du temps de Shakespeare ?

985 Pendant une partie de squash, quelle vitesse peut atteindre la balle
- ☐ environ 230 km/h
- ☐ environ 130 km/h
- ☐ environ 30 km/h

986 •

De combien de mètres
monteraient les océans si
les glaciers fondaient ?
- ☐ 30 mètres
- ☐ 60 mètres
- ☐ 90 mètres

987 Quel fut le premier livre imprimé par Gutenberg ?

988 Pourquoi les huîtres produisent-elles parfois des perles ?

989 Qui était Hippocrate ?
- ☐ le père de la médecine moderne
- ☐ le père de la médecine chinoise
- ☐ l'inventeur de la télévision

Que symbolisent le Volume de la Loi sacrée, l'Équerre et le Compas
- ☐ la mafia
990 ☐ la Franc-Maçonnerie
- ☐ les Témoins de Jéhova

991
Que signifient les initiales OTAN

992 Un éléphant peut peser
jusqu'à :
- ☐ 500 kilos
- ☐ 1 tonne
- ☐ 6 tonnes

993 Quelle est l'épaisseur de l'atmosphère ?

☐ 30 kilomètres
☐ 130 kilomètres
☐ 1.300 kilomètres

994 De quelle ville Marco Polo était-il originaire ?

995 Le premier moteur électrique était basé sur le travail d'un scientifique anglais, comment s'appelait-il ?
☐ Robert Stuart
☐ Michael Faraday
☐ Chris Hooper

996 Un chimpanzé peut vivre en liberté jusqu'à :
☐ 20 ans
☐ 50 ans
☐ 70 ans

997 Madame de Maintenon était la favorite d'un roi de France, lequel ?

998 Comment s'appelle l'organisation internationale de secours qui a été fondée par le Suisse Henri Dunant ?
☐ la Croix-Rouge internationale
☐ Médecins sans frontières
☐ Oxfam

999 Qui appelait-on le *duce* ?
☐ Jules César
☐ Mussolini
☐ Napoléon

1000 Lequel de ces animaux existe réellement :
☐ le phoque à bonnet
☐ le phoque à capuchon
☐ le phoque à béret

RÉPONSES

1 : 6 à 8 mètres
2 : faux
3 : le cancer
4 : la sauterelle
5 : 8 tonnes
6 : Cervantes
7 : en Égypte
8 : Louis XIV
9 : Jean de La Fontaine
10 : Mexique
11 : faux
12 : oui
13 : Beethoven
14 : Copenhague
15 : une prison
16 : des colombophiles
17 : vrai (la famille des arachnides)
18 : une chaîne de montagnes
19 : Peyo
20 : Londres
21 : Madrid
22 : en Égypte
23 : les cinq continents
24 : un philatéliste
25 : du colza
26 : David
27 : Le Lièvre et la Tortue
28 : faux
29 : par la confusion des langues
30 : le 11 novembre
31 : les hiéroglyphes
32 : Christophe Colomb
33 : 1
34 : un iguane
35 : 1.000 kilogrammes
36 : Léonard de Vinci
37 : des mouflons
38 : le corbeau
39 : à sa grand-mère
40 : David
41 : « homme »
42 : Youri Gagarine
43 : Victor Hugo
44 : Sancho Pança
45 : Jérusalem
46 : la Bulgarie
47 : Ariane
48 : Spoutnik I
49 : Bouddha
50 : Homère
51 : une célèbre danse grecque
52 : d'une carte jaune
53 : faux, il s'agit d'un végétal
54 : New York
55 : carrée
56 : un catamaran
57 : en Asie

58 : 8 couloirs
59 : Jack l'Éventreur
60 : dans l'hémisphère nord
61 : 71 % de la superficie totale
62 : des souris
63 : 5,5 mètres
64 : le kiwi
65 : l'émeraude
66 : Suède
67 : dans le Triangle des Bermudes
68 : diverses nuances d'une même couleur
69 : le Canada
70 : un cartooniste
71 : oui
72 : de l'Ouest
73 : au Mur des Lamentations
74 : trois cartes de même valeur
75 : un jeune Arabe audacieux
76 : Sésame, ouvre toi.
77 : l'âne
78 : faux
79 : un marabout
80 : 28 plaques
81 : la femelle
82 : le cheval d'arçons
83 : 25 mètres
84 : le comte de Montecristo
85 : à Cannes
86 : à Hollywood
87 : oui
88 : le cricket
89 : la laine
90 : une danse brésilienne
91 : le centaure
92 : les trolls
93 : Aaron
94 : 100°
95 : oui
96 : Arsène Lupin
97 : D. Fosbury
98 : Sherlock Holmes
99 : un coup de grisou
100 : des Canaries
101 : le 4 juillet
102 : la lune est invisible
103 : 2 heures
104 : le mètre cube
105 : 400 °C
106 : 51
107 : en Chine
108 : à environ 300.000 km par seconde
109 : 130 mètres
110 : isocèle
111 : un esclave révolté
112 : Gontran
113 : vrai
114 : 300 kg

115 : 8 pattes
116 : en février
117 : 9
118 : menhirs
119 : petit papa Noël
120 : vert
121 : oui
122 : Tétris
123 : hébreu
124 : aux Trois Mousquetaires
    d'Alexandre Dumas
125 : des volcans
126 : tatami
127 : maïs
128 : Amérique
129 : 12
130 : le néolithique
131 : les régions arctiques
132 : Ali Baba
133 : Bruxelles
134 : le bouddhisme
135 : le daltonisme
136 : une palanche
137 : Mexico
138 : Bagheera
139 : un oiseau
140 : verte
141 : trompette
142 : un caméléon
143 : Lucy
144 : oui
145 : pour Milka
146 : dans ses cheveux
147 : les druides
148 : la Chine
149 : un braconnier
150 : un mammifère
151 : mémoire
152 : un kimono
153 : oui
154 : oui
155 : 3 mois
156 : le panda
157 : les pyramides d'Égypte
158 : le transsibérien
159 : le rouge et le blanc
160 : au Ruanda
161 : un renard
162 : le Tropique du Capricorne
163 : carnaval de Venise
164 : faux
165 : l'Oncle Picsou
166 : vert
167 : 4
168 : jeune (19 ans)
169 : le magma
170 : un chapeau melon
171 : à la baie du Mont Saint-Michel
172 : la Tamise
173 : 366
174 : 50 mètres
175 : trompettes

176 : moitié homme, moitié taureau
177 : Venise
178 : Zimbabwe
179 : à une corrida
180 : à gauche
181 : Molière
182 : Paris
183 : Paris
184 : en rappel
185 : en mer Méditerranée
186 : 43 km
187 : Central Park
188 : à une tortue
189 : New York
190 : dans un cockpit
191 : 8848 m
192 : vert et jaune
193 : à Los Angeles
194 : vrai
195 : des sangliers
196 : plus petite
197 : Zorro
198 : dans les starting-blocks
199 : Atlas
200 : un poisson
201 : la rouge et blanche
202 : des amandes
203 : les Vikings
204 : le portugais
205 : le platine
206 : 4 ans
207 : Salomon
208 : Ottawa
209 : le cœur
210 : Mercure
211 : en 5760
212 : San Francisco
213 : en 1891
214 : non (le plus peuplé est l'Asie)
    Asie : ± 3,5 milliards
    Afrique : ± 700 millions
215 : 500.000
216 : arrachement de la chevelure
217 : de la cendre volcanique
218 : en 1889
219 : non, quelques uns subsistent dans
    des réserves
220 : la vitamine A
221 : en 1826
222 : 254
223 : le 6 juin 1944
224 : hommes
225 : 7
226 : plus de 20 mètres
227 : vrai
228 : « mangeurs de viande »
229 : Jules César
230 : Non. L'aigle a une acuité visuelle de
    50 à 100 fois supérieure à celle de
    l'homme, mais il ne voit cependant
    pas dans l'obscurité totale.
231 : en Chine

232 : en 1901
233 : un girafon ou girafeau
234 : du vent
235 : non
236 : il compte un angle droit
237 : le Louvre
238 : 37°C
239 : Grosminet
240 : Non. L'an 2000 du calendrier chrétien
correspond à l'an 1421 pour
les Musulmans (selon le calendrier
lunaire) et à l'an 5760 pour les Juifs
(selon le calendrier luni-solaire)
241 : du scorbut
242 : du Dieu Vulcain, Dieu du feu
243 : hongroise
244 : au Pérou
245 : Oui. Certaines raies sont vénéneuses,
notamment les pastenagues
et les mourines
246 : les Arabes
247 : La Belle au bois dormant
248 : les contes
249 : 1815
250 : 6 milliards
251 : 10 provinces
252 : les États-Unis
253 : certains ne se soucient pas
de la manière dont ils gagnent de
l'argent, pourvu qu'ils en gagnent.
254 : de grands studios de cinéma
255 : à New York
256 : Charlot
257 : durant la Cène, c'est Judas,
le 13 ème apôtre, qui trahit Jésus.
258 : le détroit de Gibraltar
259 : les soldats de l'ONU
260 : l'Asie
261 : 10 côtés
262 : en Asie (en Inde)
263 : Nixon
264 : Hergé
265 : un stick
266 : un président

267 : X
268 : le sanglier
269 : de viande
270 : Adolf Sax
271 : l'Espagne (Andalousie)
272 : jaune
273 : Titanic
274 : l'espéranto
275 : musulmane
276 : à l'estomac
277 : obtus
278 : l'Argentine
279 : l'astronomie
280 : la fin de l'apartheid
281 : de la disparition définitive du soleil
282 : 8 yeux
283 : 4 litres
284 : Sicile
285 : en 1969
286 : du Vietnam
287 : hollandais
288 : l'Angleterre
289 : d'une sculpture (statue, groupe)
pleinement développée dans
les trois dimensions (par opposition
aux reliefs)
290 : à la Première Guerre mondiale
291 : en hébreu (sauf quelques textes
en araméen et en grec)
292 : 007
293 : la papaye
294 : 7 couleurs
295 : des tombeaux pour les pharaons
296 : au pôle Nord
297 : des aiguilles
298 : le dollar
299 : la lave
300 : Ils s'épilent le corps
301 : arabe
302 : les Monégasques
303 : David
304 : 11 joueurs
305 : une chenille
306 : en été
307 : un petit singe

ÉPONSES

308 : Pluton
309 : vrai. Ce sont des cœlentérés
310 : 32 centimètres d'envergure,
     il s'agit de l'agrippine d'Amazonie
311 : des oiseaux
312 : Louis Braille
313 : « êtres humains »
314 : à Athènes
315 : le brame
316 : un volcan
317 : Bucarest
318 : Archimède
319 : la forêt amazonienne
320 : Galilée
321 : le chef de l'État cubain
322 : au pôle Sud
323 : la roupie
324 : un macaque
325 : le Nil
326 : un peintre, sculpteur, poète et architecte
327 : Lourdes
328 : vrai
329 : l'Amazone
330 : le Danube
331 : La Havane
332 : Einstein
333 : 9
334 : Alfred Nobel
335 : Caïn et Abel
336 : Paris
337 : Venise
338 : Jeanne d'Arc
339 : en Inde
340 : l'énergie des chutes d'eau
341 : dans le désert d'Arizona
342 : Molière
343 : Sydney
344 : le minaret
345 : un poète et un trafiquant d'armes
346 : de l'hygromètre
347 : Les Misérables
348 : au Japon
349 : la Pâque
350 : des gondoles
351 : à Paris (au Musée du Louvre)
352 : du Moyen-Orient
353 : un instrument à cordes
354 : la femelle
355 : 42 kilomètres
356 : Yuri Gagarine
357 : le Capitaine Nemo
358 : à l'Oracle de Delphes
359 : à Athènes
360 : le canal de Corinthe
361 : Majorque
362 : 34° C
363 : non

364 : 6
365 : 21
366 : O
367 : Voyage au centre de la terre
368 : un alliage de cuivre et d'étain
369 : le laiton
370 : d'un guépard
371 : Néron
372 : à la Mecque
373 : au solstice d'été
374 : l'Aiglon
375 : Jules César
376 : un drapeau jaune
377 : 1989
378 : du Zaïre
379 : de Polynésie
380 : oui
381 : d'Asie centrale
382 : en Algérie
383 : 1973
384 : de l'albatros hurleur
385 : bleue
386 : Zola
387 : Bucarest
388 : club
389 : 25 mètres
390 : Madagascar
391 : biniou
392 : au Louvre, à Paris
393 : la anche
394 : Ulysse
395 : Balzac
396 : en Afrique
397 : un cheval
398 : vrai
399 : C130
400 : le Bolchoï
401 : une danse jamaïcaine
402 : jusqu'à 53,15 kilos
403 : cirrocumulus
404 : en 1980
405 : le départ de Mahomet pour Médine
406 : le dalaï-lama
407 : Austin
408 : la barométrie
409 : les pénates
410 : les sourates
411 : R.D.A.
412 : plus de 86 kilos
413 : le portugais
414 : le Mannekenpis
415 : la religion orthodoxe grecque
416 : le Nautilus
417 : Ulysse
418 : Jason
419 : de l'eau et du miel
420 : la mante religieuse

123

421 : Antananarivo
422 : Eisenstein
423 : la prohibition
424 : les chemises brunes
425 : le Croissant-Rouge
426 : Taïshi (ou Tai Chi)
427 : le Vatican
428 : 9461 milliards de kilomètres
429 : x
430 : la Commedia dell'arte
431 : la Mer Rouge
432 : l'apiculture
433 : des caramboles
434 : arabe
435 : un cépage
436 : à l'équinoxe
437 : 35 minutes
438 : en décembre
439 : vrai
440 : Abou-Simbel
441 : Huygens
442 : un astronome polonais
443 : Fonds des Nations unies pour l'enfance
444 : celui d'une chrysalide
445 : étoile du berger
446 : 3
447 : 6 heures du matin
448 : ornithopode
449 : 5
450 : les poumons
451 : Astérix et Cléopâtre
452 : Éole
453 : l'attraction lunaire et solaire
454 : Janet
455 : poisson-épée
456 : Moctezuma ou Montezuma II
457 : Chevrolet
458 : Superman
459 : la Résurrection
460 : un scaphandre
461 : oui
462 : 6
463 : mille-pattes
464 : le Luxembourg
465 : 18
466 : extraterrestre
467 : le cinéma
468 : vrai
469 : William Clinton
470 : Munich
471 : Laïka
472 : journaliste
473 : Thaïlande
474 : l'océan Pacifique
475 : sur la Place Rouge à Moscou
476 : la herse
477 : 24 carats
478 : 6,5 cm
479 : un potage espagnol
480 : Parme
481 : « la question »
482 : un mercenaire

483 : Margaret Thatcher
484 : « ainsi soit-il »
485 : la compagne de Popeye
486 : à Milan
487 : 12
488 : un paysan
489 : en Guyane
490 : les Trois Masques
491 : Orphée
492 : à Las Vegas
493 : Nelson Mandela
494 : en 1898
495 : oui
496 : 2 jours
497 : Hamlet
498 : Maradona
499 : la pierre philosophale
500 : la guerre 14-18
501 : un grand-duché
502 : James Bond
503 : 24
504 : Zeus
505 : T.N.T.
506 : le bonnet phrygien
507 : un homme politique russe
508 : l'Internationale
509 : Avignon
510 : Horus
511 : l'Amérique
512 : 4 voyages
513 : le général de Gaulle
514 : le samovar
515 : les années paires
516 : une voix de femme la plus grave
517 : les Sumériens
518 : les naïades
519 : en Ukraine
520 : aux pôles
521 : le Père Goriot
522 : Amsterdam
523 : la gabelle
524 : au clergé
525 : l'histoire
526 : d'Irlande
527 : E.S.B.
528 : Faust
529 : Dédale
530 : Strasbourg
531 : jaune
532 : Jérusalem
533 : en 1979
534 : 50 millions
535 : Charles de Gaulle
536 : de Led Zeppelin
537 : Mouse
538 : un Cuba Libre
539 : D2R2, Z6PO
540 : la France et l'Angleterre
541 : en 1938
542 : Sparte et Athènes
543 : Otto Bismarck
544 : la religion copte

545 : la Princesse Diana
546 : un village d'Amérindiens
547 : Lénine
548 : lynx
549 : de 1926
550 : le troglodyte
551 : plus petite
552 : 4
553 : en Asie centrale
554 : la boîte noire
555 : le catholicisme
556 : en 1987
557 : XIXème siècle
558 : Rossinante
559 : 7
560 : Sampras
561 : la tête en bas
562 : à Pise
563 : l'Oural
564 : l'Entreprise
565 : des petits mots exprimant un souhait
566 : un guatémaltèque
567 : Asmara
568 : oui
569 : Ferdinand de Lesseps
570 : en crachant avec force et
        précision un jet d'aliments prédigérés
571 : d'une orchidée
572 : grave
573 : en 1983
574 : 5 couleurs
575 : en 1956
576 : menacées d'extinction immédiate
577 : le café
578 : 20 mois
579 : à la « prohibition » (d'alcool)
580 : de Nîmes
581 : la sagesse
582 : « J'accuse »
583 : un réseau d'espionnage
584 : le Traité de Versailles
585 : Michel Simon
586 : l'ethnologie
587 : Eisenstein
588 : faux
589 : le débarquement allié en Normandie
590 : oui
591 : quelques dizaines de milliers
592 : 26 fois
593 : un mollusque
594 : celui de Hiro-Hito
595 : la Guerre des Étoiles
596 : en 1903
597 : Mick Jagger
598 : le téléscope
599 : d'une église
600 : l'aigle
601 : temple des Muses

602 : l'atome
603 : Molière
604 : le jaguar
605 : un poète romantique
606 : le cinéma
607 : le Petit Prince
608 : Hawaï
609 : 5 milliards d'années
610 : en Tanzanie
611 : d'Artagnan
612 : les séquoias
613 : nationalité hollandaise
614 : son épouse, Mumtaz Mahall
615 : moins de 3 secondes
616 : il dessinait des cartes pour
        les marchands qui devaient voyager
617 : New York
618 : la mère
619 : Elia Kazan
620 : Quasimodo
621 : le Vercors
622 : 1948
623 : 16 ans
624 : la France
625 : la psychanalyse
626 : le PIB (le Produit intérieur brut) et
        le PNB (le Produit national brut)
627 : des œufs d'esturgeon qui est un
        poisson de mer
628 : la géologie
629 : Cosey
630 : un héros de la mythologie
        grecque
631 : à la famille impériale
632 : à l'Espagne
633 : en Inde
634 : Earth Art ou Land Art
635 : Georges Lucas
636 : le feu
637 : l'alchimie
638 : H_2O
639 : la loi de la réfraction
640 : nom donné aux religions tradition-
        nelles des Océaniens, Africains et
        arborigènes d'Asie qui vouent un culte
        aux ancêtres et aux forces de la nature
641 : 15 pays
642 : le Sénégal
643 : 6
644 : l'équipe de football d'Amsterdam
        (Hollande)
645 : d'agoraphobie
646 : se balancer
647 : Thomas Édison
648 : au 7 ème Art : le cinéma
649 : le Tigre et l'Euphrate
650 : 28 ans
651 : Buenos Aires

RÉPONSES

652 : une orchidée
653 : en 1903
654 : en 1957, par l'URSS
655 : le cochon d'eau
656 : en 1928
657 : NASA
658 : Nabuchodonosor
659 : d'Extrême-Orient
660 : Champollion
661 : Marie Curie
662 : Jacques-Yves Cousteau
663 : Louis Pasteur
664 : un royaume
665 : Organisation des Nations Unies
666 : un cheval
667 : de la Reine
668 : les guerres puniques
669 : en Indonésie
670 : Istanbul
671 : Archimède
672 : à Hawaii (le mont Wai-ale-ale)
673 : vrai
674 : Canberra
675 : le Vostok I
676 : Royal Air Force
677 : Mao Tsé-Toung
678 : un révolutionnaire mexicain
679 : Mao Tsé-Toung
680 : Kaboul
681 : Thomas Édison
682 : un Torero à cheval
683 : le détroit de Gibraltar
684 : le hibou
685 : le clavecin
686 : un mandrill
687 : Œdipe
688 : l'Apartheid
689 : la première « révolution socialiste »
      de l'histoire
690 : l'empereur d'Éthiopie
691 : un célèbre cinéaste russe
692 : La Ronde de Nuit
693 : aztèque
694 : Michel-Ange
695 : à Venise
696 : non
697 : au Maroc
698 : la graphologie
699 : le strabisme
700 : vrai
701 : le calumet
702 : une régate
703 : la drachme
704 : 3 minutes
705 : en juin
706 : Madagascar
707 : « Les temps modernes »
708 : le mur d'Hadrien

709 : non, c'est ce qui le différencie
      de l'otarie
710 : 1889
711 : le yiddish
712 : Hugo Pratt
713 : du caoutchouc
714 : Argentine
715 : Karl Marx
716 : Saladin
717 : à Pékin
718 : Mirage 2000
719 : Feyenoord
720 : le nectar
721 : le Rideau de fer
722 : Henri IV
723 : François Ier
724 : Botticelli
725 : la Grande-Bretagne
726 : masaï
727 : le flamand
728 : le lac Baïkal
729 : 1947
730 : en Sibérie
731 : Organisation des pays exportateurs
      de pétrole
732 : une sorte de quartz
733 : vrai
734 : au Ruanda et au Burundi
735 : au xylophone
736 : les fjords
737 : Punakha
738 : à Avoriaz
739 : à Venise
740 : chinoise
741 : le whist
742 : en 1863
743 : une antilope du Sahara
744 : le singe-araignée
745 : Alcatraz
746 : la Marseillaise
747 : vrai (lorsqu'il désigne un lièvre
      ou un lapin mâle)
748 : Nestor Makhno
749 : 1 mètre de long
750 : la bombarde
751 : dan
752 : le hadj
753 : Benjamin Franklin
754 : enseignement assisté par ordinateur
755 : les Argonautes
756 : l'heptathlon
757 : le zona
758 : le bit
759 : oiseau-mouche
760 : Pygmalion
761 : au Japon
762 : le dodo
763 : Azerbaïdjan

764 : un oiseau se nourrissant de coquillages
765 : la basilique du Sacré-Cœur de Paris
766 : en 1949
767 : Bokassa
768 : Neptune
769 : Ernest Hemingway
770 : le slalom géant
771 : par une hausse des prix
772 : médiques
773 : Électre
774 : Publication assistée par ordinateur
775 : Asunción
776 : 14 ans
777 : en 1899
778 : Winston Churchill
779 : les Diables Rouges
780 : Sankara
781 : le Septembre noir
782 : les chemises noires
783 : Organisation de libération de la Palestine
784 : l'Actors'Studio
785 : au 13ème siècle
786 : chez les Incas
787 : tricératops
788 : la culture de vers à soie
789 : une soie peinte
790 : le Komintern
791 : Byzance et Constantinople
792 : Saturne
793 : des macareux
794 : Lech Walesa
795 : un campanile
796 : le front de libération du peuple sahraoui
797 : Organisation de l'unité africaine
798 : à Addis-Abeba
799 : Socrate
800 : la Perestroïka
801 : Inuit
802 : du Japon
803 : en Afrique
804 : en Afrique centrale
805 : un instrument de musique
806 : un spare
807 : Trotsky
808 : les accords d'Évian
809 : le Koweït
810 : président des États-Unis
811 : le par
812 : Miro
813 : faux (Nehru était son père)
814 : le Timor oriental
815 : danois
816 : hippopotame
817 : la Mésopotamie
818 : Jean Marais
819 : Méduse
820 : le Danemark
821 : en 1977
822 : Gilbert Bécaud
823 : Truffaut, Godard, Chabrol
824 : Organisation des Nations Unies
       pour l'éducation, la science et la culture

825 : Vénus
826 : au Xinjiang
827 : les phylactères
828 : Yosemite
829 : clone
830 : Pluton
831 : un économiste
832 : Jules César
833 : le saut
834 : 3,5 millions d'années
835 : les intestins
836 : la guerre de Sécession
837 : à la Nouvelle-Orléans
838 : en 1572
839 : Trotsky
840 : un tremblement de terre
841 : 3 semaines
842 : La City
843 : la fierté nationale
844 : l'Argentine et la Grande-Bretagne
845 : non, il en est souvent à l'origine
846 : Krouchtchev
847 : en France
848 : interdire
849 : Jérusalem
850 : vrai
851 : Kennedy
852 : Maurice Béjart
853 : John Major
854 : procès de Nuremberg
855 : Abba
856 : Akira Kurosawa
857 : Le 22 à Asnières
858 : les Téléphones blancs
859 : au Vietnam
860 : Ford
861 : 40 %
862 : Nouvelle-Zélande
863 : Stevenson
864 : de l'or
865 : un incendie
866 : Tahiti
867 : en Espagne
868 : New York
869 : 300 km/h
870 : Oum Kalthoum
871 : Arbenz
872 : la route du rhum
873 : les 10 plaies d'Egypte
874 : 1000 mots
875 : les Parques
876 : il faut remplacer l'animal souffrant
877 : celui de François-Ferdinand
878 : Israël
879 : Napoléon III
880 : Proudhon
881 : oui
882 : au Chili
883 : Mac-Mahon
884 : le radium et le polonium
885 : organismes génétiquement modifiés
886 : 4

887 : à Sainte-Hélène
888 : Jupiter et Uranus
889 : un acra
890 : Mentor
891 : de l'Équateur
892 : Venise
893 : Clovis
894 : l'histologie
895 : le Penseur
896 : Nicaragua
897 : à la guerre d'Espagne de 1936-39
898 : l'Ulster
899 : le tika
900 : les Falashas
901 : la cour des miracles
902 : les analgésiques
903 : les Ouïgours
904 : 8
905 : Abidjan
906 : l'île Tristan da Cumba
907 : la Reine Victoria
908 : du mot latin « balance »
909 : un météore
910 : Tex Avery
911 : 60 %
912 : le Communwealth
913 : d'espionnage
914 : 1939
915 : *La Fureur de vivre*
916 : de la guerre du Vietnam
917 : Segar
918 : américaine
919 : 18 %
920 : South Dakota
921 : non !
922 : 0,2 grammes
923 : Aldous Huxley
924 : la Mongolie
925 : en 1978
926 : Mata-Hari
927 : l'actinidia
928 : l'Allemagne
929 : Stanley Kubrick
930 : Bob Dylan
931 : 1921
932 : Charlie
933 : Woodstock
934 : le disco
935 : The Wailers
936 : l'ETA
937 : des organes d'animaux
938 : non, ce sont des nomades non
arabes, peuplant le Maghreb
939 : l'Indonésie
940 : trois au lieu de deux
941 : en Guyane française, à Kourou
942 : 46
943 : 300 millions
944 : le taux de pollution
945 : Greta Garbo
946 : les mathématiques

947 : le piaulement
948 : il était vêtu d'un string et ne portait
pas de chaussures à crampons
949 : 24 images par seconde
950 : Richelieu
951 : ils interdisent les relations homosexuelles entre les hommes
952 : Fédération nationale d'achats
953 : la chienne Lassie
954 : 50 milliards
955 : Mikhaïl Gorbatchev
956 : Karl Marx
957 : Interpol
958 : 40 km/h en moyenne
959 : le couple Pierre et Marie Curie
960 : l'astrolabe
961 : les Kurdes
962 : Mc Carthy
963 : le bleu
964 : l'Afganistan
965 : San Francisco
966 : Romulus et Rémus
967 : une organisation secrète raciste
968 : Gutenberg
969 : Océan Indien
970 : la théorie de la relativité
(dont la célebre formule est : $E=MC^2$)
971 : Isabelle Hupert
972 : Anouar el-Sadate
973 : "philos" signifie ami et "sophia" signifie
sagesse. D'où, l'ami de la sagesse
974 : Richard III
975 : l'Atomium
976 : l'eau
977 : d'un serpent au corps recouvert
de plumes
978 : 430 km
979 : d'une pluie d'or
980 : Ennio Morricone
981 : en 1912
982 : Dallas
983 : faire le mal sciemment ou manifester
une grande énergie
984 : c'étaient des hommes
985 : environ 230 km par heure
986 : 60 mètres
987 : la Bible
988 : pour se protéger des impuretés
qui rentrent dans sa coquille
989 : le père de la médecine moderne
990 : la Franc-Maçonnerie
991 : Organisation Transatlantique du Nord
992 : 6 tonnes
993 : 130 kilomètres
994 : Venise
995 : Michael Faraday
996 : 50 ans
997 : Louis XIV
998 : la Croix-Rouge internationale
999 : Mussolini
1000 : le phoque à bonnet